너그러운 마음을 베풀며
슬기롭게 새 시대를 연 지도자
왕 건

이야기/교과서/인물 **왕건**

초판 제1쇄 인쇄일 2020년 7월 20일
초판 제1쇄 발행일 2020년 7월 25일
글 이재승, 정혜린 그림 오오니시 미소노
발행인 박헌용, 윤호권 발행처 (주)시공사 주소 서울시 서초구 사임당로 82
전화 문의 02-2046-2800 홈페이지 www.sigongsa.com/www.sigongjunior.com

ⓒ 이재승, 정혜린, 오오니시 미소노, 2020

이 책의 출판권은 (주)시공사에 있습니다.
저작권법에 의해 한국 내에서 보호받는 저작물이므로, 무단 전재와 무단 복제를 금합니다.

ISBN 979-11-6579-075-2 74990
ISBN 978-89-527-8164-2 (세트)

홈페이지 회원으로 가입하시면 다양한 혜택이 주어집니다.
잘못 만들어진 책은 구입하신 곳에서 바꾸어 드립니다.

사진 자료 제공 | 28쪽 금동합 **국립 경주 박물관(공공누리 제1유형)** | 28쪽 금동 문고리, 89쪽 고구려 수막새, 89쪽 발해 수막새, 104쪽 《고려사》, 104쪽 《동국통감》, 105쪽 《삼국사기》 **국립 중앙 박물관(공공누리 제1유형)** | 40쪽 견훤 산성, 79쪽 개태사의 석조 여래 삼존 입상 **연합뉴스** | 41쪽 국사암 석조 여래 입상 **북앤포토**

KC마크는 이 제품이 공통안전기준에 적합하였음을 의미합니다.
제조국 : 대한민국   사용 연령 : 8세 이상
주의 사항 : 책장에 손이 베이지 않게, 모서리에 다치지 않게 주의하세요.

너그러운 마음을 베풀며
슬기롭게 새 시대를 연 지도자

왕 건

이재승, 정혜린 글 | 오오니시 미소노 그림

시공주니어

작가의 말 … 6
왕건을 찾아가다 … 8

1장 　백성들과 병사들의 신뢰를 얻다 … 18
　　　역사 한 고개 통일 신라 말의 상황과 후삼국의 성립 … 28

2장 　옳은 것과 그른 것을 판별하다 … 30
　　　역사 한 고개 견훤과 궁예 … 40

3장 　백성들과 호족들의 마음을 지혜롭게 헤아리다 … 42

4장 　신하를 잃은 슬픔을 딛고서 … 52

5장 포용의 리더십으로 승리하다 … 60

6장 넓은 마음으로 원수를 끌어안아 … 68
역사 한 고개 후삼국 통일의 의의 … 78

7장 고구려의 얼을 이어받아 … 80
역사 한 고개 고구려의 후손, 발해 … 88

8장 무엇으로 백성들의 마음을 모을 것인가 … 90

9장 이 열 가지를 가슴속에 깊이 새기기를 … 98
역사 한 고개 고려 시대와 관련된 책 … 104

왕건에게 묻다 … 106
왕건이 걸어온 길 … 110

왕건을 만나다

새 학기가 시작되는 날, 학교에 가기 전에 두근두근 설레는 친구들이 많지요?

'올해는 어떤 선생님을 만날까?'

'올해는 어떤 새로운 친구들을 사귀게 될까?'

궁금하고 기대되는 마음이 들 거예요. 하지만 한 해 동안 함께 지내다 보면 모든 친구들이 내 마음에 쏙 들지 않을 수도 있고, 때로는 친구와 다투어 속이 상하는 날이 있을지도 몰라요. 내가 좋아하는 친구들하고만 같은 반이 될 수는 없지요. 이처럼 세상을 살면서 어떤 사람들을 만날지는 내가 다 정할 수 없어요.

그렇다면 내가 정할 수 있는 건 무엇일까요? 바로 사람들을 대하는 나의 태도예요. 이 마음의 태도에는 아주 커다란 힘이 있어서, 사람들과 좋은 관계를 계속 이어 간다면 훗날 커다란 행운이나 성공을 불러올 수도 있어요.

이렇게 사람들을 소중히 대하는 마음이 빛을 발해서 위대한 일들을 이룬 사람이 있어요. 바로 고려를 세우고 후삼국을 통일한 태조 왕건이에요. 왕건은 똑똑하고 전투 실력이 빼어난 장수였지만, 이것만으로 고려의 건국과 후삼국의 통일을 이룬 건 아니랍니다. 결정적인 순간마다 그를 도운 건, 바로 사람들이었어요. 심지어 한 장수는 죽을 위기에 처한 왕건을 대신해 목숨을 바쳐 왕건을 살렸어요. 왕건과 자신의 목숨을 맞바꾼 것이지요. 대체 왕건이 어떤 사람이었길래 신하가 기꺼이 목숨까지 바쳤을까요?

왕건은 사람들을 진심으로 존중하고 배려하며 나와 다른 생각을 가진 이들도 기꺼이 감싸 주었어요. 그리고 바로 이러한 태도에 감동한 사람들이, 왕건이 위기에 처할 때마다 스스로 나서서 왕건을 도왔어요.

여러분은 어떤 꿈을 꾸나요? 꿈을 이루기 위해서는 열심히 노력해야 하지만, 그에 못지않게 다른 사람들을 존중하고 배려하는 마음도 중요해요. 이 세상은 여럿이 더불어 사는 세상이기 때문이에요.

책 속의 이야기로 들어가 왕건의 마음가짐을 배워 보세요. 이야기 속에 가득한 왕건의 지혜와 관용에 귀 기울이는 사이, 여러분의 마음도 더 크고 넓어질 거예요.

이재승, 정혜린

● 왕건을 찾아가다

팔공산 왕건길
고려의 왕건과 후백제의 견훤이 벌인 공산 전투를 테마로 하여 만든 탐방로. 총 8개 구간으로 이루어져 있다.
대구광역시 동구 신숭겸길 17
(제1길인 용호상박길의 시작점)

"아휴, 속상해."

영후가 혼잣말을 하면서 집으로 들어왔다.

"왜 그러니?"

영후의 풀 죽은 목소리를 들은 엄마가 물었다.

"오늘 학교에서 임원 선거를 했는데, 몇 표 차이로 아깝게 떨어졌어요."

"저런, 속상하겠구나. 그래도 다음 학기가 있으니까 너무 실망하지 말고 그때 도전해 보자."

"아니에요. 다시는 이런 거 안 나갈 거예요."

기운 없이 어깨를 축 늘어뜨린 영후를 보니 엄마는 안타까운 마음이 들었다.

"영후야, 속상하겠지만 기회는 또 올 거야. 지금 우리가 알고 있는 위대한 사람들도 다 시련을 겪었어. 시련을 통해 더 성장해서 훌륭한 업적을 이룬 거야."

"그렇지만 저는 위인이 아닌걸요. 저는 그냥 평범한 초등학생이에요."

엄마에게 볼멘소리로 대답하는 영후였다. 엄마가 잠시 생각을 하더니 미소를 지으며 영후에게 말했다.

"음, 우리 기분 전환이라도 할 겸 어디 다녀올까?"

"어디 가는데요?"

"비밀이야. 엄마가 근사한 곳으로 안내할 테니 산책도 하고 맑은 공기도 마시고 오자."

영후는 썩 내키지는 않았지만, 마지못해 엄마를 따라나섰다.

엄마를 따라 도착한 곳은 팔공산 근처였다. 산책을 하며 맑은 공기를 마시니 영후는 마음이 한결 가벼워지는 듯했다.

"엄마, 시원한 바람을 쐬니 기분이 좀 나아졌어요."

"그렇다면 다행이다. 엄마가 영후를 이곳에 데려온 이유가 뭔지 아니?"

"제가 속상해하니까 기분 전환하라고 데려오신 거 아니에요?"

"물론 그게 첫 번째 이유지! 그리고 여기에 너한테 꼭 보여 주고 싶은 게 있었어. 주변을 잘 둘러보렴."

엄마의 말에 영후는 주변을 살펴봤다. 하나둘 피어난 꽃들, 제법 돋아나기 시작한 풀들이 보였다. 그리고 저 멀리 커다란 돌이 눈에 들어왔다.

"잘 모르겠는데, 설마 저 돌 때문인가요?"

"맞았어! 영후야, 사실 우리가 사는 대구에는 태조 왕건과 관련된 곳이 많단다. '무태조야동'이라는 동네 알지? '무태'는 왕건이 군사들에게 태만하지 말라고 당부한 데서 붙여진 동네 이름이야. 왕건이 마을 사람들의 부지런함을 보고 동네 이름을 '무태'로 지었다고도 하고."

"네? 고려를 세운 왕건요?"

왕건이 유명한 인물이라는 건 영후도 알고 있었다. 예전에 책에서 왕건에 관해 읽은 적이 있었다. 고려를 세우고 후삼국을 통일한 사람이고 부인이 많았던 것이 기억났다.

'그런데 엄마가 왜 갑자기 왕건 이야기를 하시는 거지? 나랑 무슨 상관이라고……'

독좌암

영후는 어리둥절한 표정을 지었다. 이러한 영후의 마음을 읽은 듯 엄마가 말을 이었다.

"왕건이 여기서 겪은 일과 오늘 영후가 겪은 일에는 공통점이 있지! 사실 우리가 사는 대구는 왕건이 살면서 큰 위기를 넘긴 곳이란다. 팔공산에서 전투가 벌어졌는데 왕건이 이끄는 고려군이 견훤의 후백제군에게 크게 졌어. 이 커다란 돌은 왕건이 전투에 지고 겨우 목숨을 건진 뒤, 정신없이 도망치던 길에 혼자 쓸쓸히 앉아서 한숨 돌렸던 곳이야. 그래서 이 바위에는 '홀로 앉은 돌'이라는 뜻의 '독좌암'이라는 이름이 붙었지."

영후는 좀 놀랐다. 영웅이라고 하면 위대하고 뛰어난 인물이라서 보통 사람과는 완전히 다를 줄 알았다. 그런데 그렇게 대단한 사람도 실패를 겪었다고 하니, 왕건이 조금 가까이 느껴지기 시작했다. 길을 걸으며 엄마는 계속해서 왕건에 대해 들려주었다.

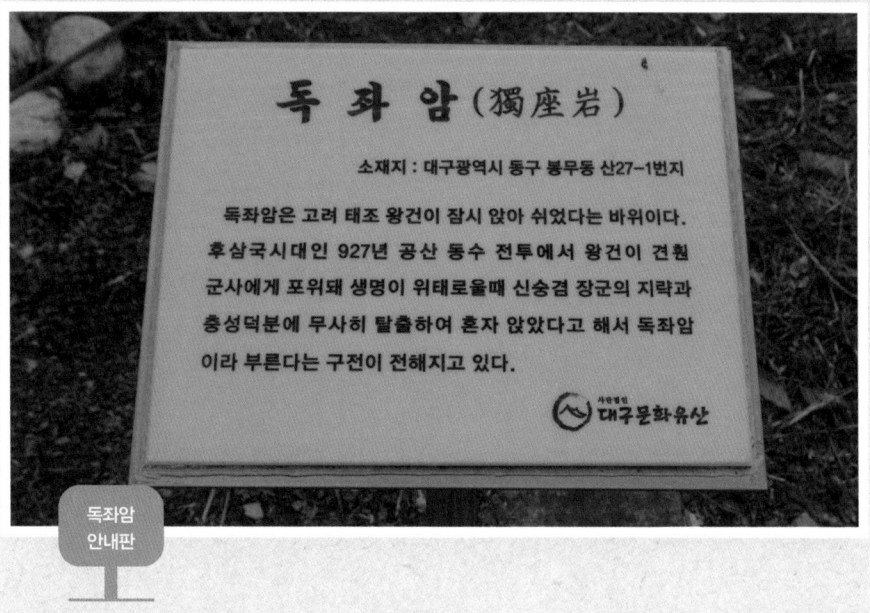

독좌암 안내판

"오늘 영후가 임원 선거에서 떨어져서 실망한 것처럼, 왕건도 전투에서 크게 져서 엄청나게 많은 군사들을 잃고 좌절했단다."

영후는 왕건에게 공감대를 이루며 서서히 엄마 말에 귀를 기울였다.

슬슬 걸어가다 보니 파군재 삼거리가 나왔다. 커다란 부조가 눈에 띄었다. 공산 전투 부조였다.

"왕건이 그렇게 크게 진 전투는 바로 공산 전투였어. 왕건은 아끼는 장수 신숭겸과 목숨을 바꿔 겨우 살아났지."

"장수와 목숨을 바꿨다고요?"

"응. 왕건이 질 게 분명한 전투였거든. 누군가가 후백제군의 시선을 돌려 시간을 끌지 않으면 왕건이 살 수 없는 상황이었어. 그래서 신숭겸이라는 신하가 나서서 왕건과 옷을 바꾸어 입고 왕건 대신 전쟁에서 죽었어. 왕건은 신하의 옷을 입고 적의 눈을 피해 달아나 목숨을 건졌고. 신숭겸이 '지혜로운 묘책'을 냈다고 하여 훗날 '지묘동'이라는 마을 이름이 생겼지."

공산 전투 부조

왕건이 느꼈을 패배감과 죄책감이 영후에게 고스란히 전해졌다.

"왕건이 정말 크게 좌절했겠네요. 아끼는 장수도 잃고……."

영후는 공산 전투 부조를 한참 바라봤다. 수많은 병사들의 목숨을 앗아간 전투가 눈앞에 생생하게 펼쳐지는 듯했다. 늠름하고 용감한 신숭겸 장군의 희생이 숭고하게 느껴졌고, 임원 선거에서 떨어진 자신의 실패는 아주 작은 것처럼 생각되기도 했다.

어느새 영후와 엄마는 이야기를 하며 팔공산 왕건길로 들어서고 있었다. 팔공산 왕건길은 공산 전투와 거기에 얽힌 설화를 배경으로 하여 만들어진 산책로였다. 그런데 여기서 영후에게 궁금증이 생겼다.

"왕건은 이렇게 엄청난 실패를 어떻게 극복하고 후삼국을 통일했던 거예요?"

엄마는 왕건에 적극적으로 관심을 갖는 영후가 기특해서 부드럽게 웃으며 대답했다.

"왕건이 후삼국을 통일할 수 있었던 것은 전투 실력이 뛰어난 장수였기 때문만은 아니야. 위대한 왕이라고 해서 모든 전투에서 이겼던 건 아니거든. 왕건은 우리와 같은 보통의 사람으로 실수도 하고 실패도 했단다. 다만 그런 실패를 어떻게 이겨 내는지에 따라 위대한 사람과 평범한 사람으로 나뉘겠지?"

엄마의 말에 영후는 조금씩 용기가 생겼다. 비록 임원 선거에서 떨어져서 실망했지만, 다음을 기약하며 힘을 내야겠다는 생각이 들었다.

영후와 엄마는 길을 따라 산을 오르기 시작했다. 처음에는 빨랐던 걸음이 오르막길을 따라 조금씩 느려지기 시작했다. 이마에는 땀이 흐르고 있었다. 열심히 오르다 보니 어느새 눈앞이 탁 트였다.

"여기 정말 멋져요, 엄마! 왕건 전망대라는 곳이네요."

영후는 멋진 풍경을 보니 기분이 상쾌해졌다. 임원 선거 때문에 힘들었던 마음은 어느새 왕건에 대한 궁금증으로 가득 차 있었다.

"그럼 왕건이 후삼국을 통일할 수 있었던 비결이 뭐예요?"

"그 시절 후백제에 왕건만큼이나 강한 장수, 견훤이 있었어. 이 둘은 우열을 가릴 수 없이 전투 실력이 뛰어났지. 하지만 왕건은 견훤에게는 없는 특별한 능력이 있었단다."

"그게 뭔데요?"

팔공산 왕건길 표지판

"바로 사람들을 소중히 대해서 마음을 얻는 능력이었어."

"네?"

영후는 왕건과 같은 위인에게는 위대한 일을 이룰 만한 특별한 무언가가 있을 거라고 생각했다. 그런데 세 나라를 통일한 왕의 비결이 고작 사람들을 소중하게 대하는 태도였다니……. 왠지 좀 싱거운 느낌이 들었다.

엄마는 의아하게 바라보는 영후에게 부드럽게 말했다.

"왕건은 사람들을 소중하게 대할 줄 알았단다. 그래서 여러 사람들이 왕건을 좋아하게 되었고, 사람들에게 얻은 신뢰와 지지에 힘입어 후삼국을 통일하게 된 거야."

왠지 영후의 마음속에 희망이 생기기 시작했다. 생각해 보니 임원 선거

팔공산 왕건길 입구

역시 사람들의 마음을 얻는 일이었다. 영후는 조심스레 다짐하듯 엄마에게 말했다.

"저기, 엄마. 그럼 저도 앞으로 학교에서 친구들을 배려하고 소중히 여기면서 생활해 볼래요. 진심으로 대하면 다음 학기 때 친구들이 저를 임원으로 뽑아 줄지도 모르잖아요."

"그렇고말고. 그리고 늘 친구들을 소중히 여기면서 생활하면 임원이 되지 않아도 좋은 친구들이 영후 옆에 많아져서 충분히 즐겁게 학교생활을 할 수 있을 거야."

땀방울을 닦아 주며 솔솔 불어오는 바람 덕분인지 엄마에게 받은 격려 덕분인지 모르겠지만, 어느새 영후는 임원 선거에서 떨어진 아쉬움을 훌훌 털고 새로운 마음을 갖게 되었다.

팔공산 왕건길 등산로

"엄마, 왕건이 큰 실패를 딛고 일어나서 더 위대한 일을 이룬 것처럼, 저도 오늘 임원 선거에서 뽑히지는 않았지만 앞으로 더 좋은 사람이 되기 위해 노력해야겠어요! 왕건은 어떤 사람이었어요? 좀 더 말씀해 주세요."

"하하, 영후에게 왕건을 소개하며 힘을 주려 한 엄마의 작전이 대성공인 걸? 왕건은 말이지……."

엄마가 뿌듯한 표정을 지으며 영후에게 말했다. 팔공산 왕건길을 나란히 걷는 영후와 엄마 사이에 밝은 햇살이 비쳤다.

1장
백성들과 병사들의 신뢰를 얻다

송악(현재 개성)은 예성강 근처에 있는 도시로, 예로부터 강을 통해 무역이 활발하게 이루어지는 곳이었다. 왕륭은 이 지역에서 무역을 하면서 큰 돈을 번 호족이었다.

호족이란 통일 신라 말, 나라가 힘을 잃고 중앙 정부의 통치력이 약해지면서 지방에서 성장한 세력이다. 호족은 엄청난 돈과 군사력을 등에 업고 마치 그 지역의 왕처럼 행동할 수 있었다. 자신의 군대를 동원하여 성을 쌓고 사람들에게 세금을 걷기도 했다. 호족은 자기가 사는 지역의 지리와 역사를 잘 알고 있고, 대대로 그 지역에 살아온 사람들과 매우 가까운 관계였다. 백성들은 저 멀리 있는 힘없는 중앙 정부보다는 가까이 있는 힘센 호족을 더 따랐다. 호족이 다스리는 지역에서 전투가 벌어지면 호족은 이기면 좋겠다고 생각하는 쪽에 식량과 군대를 지원하기도 했다. 따라서 그 지역을 다스리는 호족이 누구 편인지에 따라 전투에서 이기고 지는 것이 결정될 정도였다.

왕건은 송악을 다스리는 호족, 왕륭의 아들이었다. 왕륭과 왕건은 늘 사려 깊고 슬기로운 정치를 펼쳐 송악 사람들에게 신뢰를 얻었다.

그러던 어느 날, 왕륭이 심각한 얼굴로 왕건을 불렀다.

"건아, 철원 지역에서 세력을 떨치는 궁예 장군이 그 힘을 넓히는 속도가 무시무시하다. 이러다가는 우리와도 곧 전쟁을 하게 될 것 같구나."

"궁예 장군이 먼저 우리를 공격한다면 전쟁을 피할 수 없겠지만, 백성들을 위해서 전쟁을 하지 않는 방법을 찾아야 할 듯하옵니다."

"그래, 전쟁을 하면 가장 힘든 것은 백성들이다. 농사일을 하지 못하고, 가족들과 생이별을 해야 하고, 세금도 더 내야 하니 백성들의 고생이 이만저만이 아니지."

왕건은 잠시 생각에 잠겼다. 여러 지역들 사이에서 크고 작은 싸움이 자주 일어나던 시기였다. 송악 지역의 백성들이 피해를 입는 일은 막아야 했다. 게다가 군사력이 강한 궁예와 싸워서 이길 거라고 장담할 수도 없었다. 곰곰이 생각하던 왕건은 전쟁을 피할 방법을 생각해 냈다.

"아버님, 우리가 궁예 장군 밑으로 들어가는 것은 어떨까요? 우리가 먼저 송악을 궁예 장군에게 바친다고 하면 궁예 장군이 크게 기뻐할 것입니다. 또한 궁예 장군이 모든 곳을 직접 다스릴 수는 없으니, 송악 땅을 지금처럼 우리가 돌보게 할 수도 있습니다."

왕륭 또한 송악의 백성들을 누구보다 아끼는 사람이었다. 그래서 궁예 밑으로 들어가자는 왕건의 제안을 기꺼이 받아들일 수 있었다.

"그래, 우리의 군사력을 생각할 때 궁예 장군과 전쟁을 한다면 우리에게 엄청난 피해가 따를 게다. 무엇보다 백성들이 희생당하지 않을 좋은 방법인 것 같구나. 건이 너도 이제 다 컸으니 궁예 장군 밑에서 장수로 성장하는 것도 좋을 것 같다."

"듣자 하니 궁예 장군은 굉장히 털털하고 의리를 중요하게 여긴다고 합니다. 보통 장군들은 일반 병사들과 달리 호화로운 곳에서 좋은 음식을 먹는데, 궁예 장군은 늘 병사들과 함께 밥을 먹고 잠도 같이 잔다고 들었습니다. 그래서인지 병사들의 충성심이 엄청납니다."

"그 이야기는 나도 익히 들었다. 그래서 궁예 장군이 이렇게 세력을 크게 키울 수 있던 거겠지."

왕륭은 서신을 보내 궁예에게 송악을 다스려 달라고 부탁했다. 궁예는 크게 기뻐하며 왕륭과 왕건을 초대했다.

"이렇게나 먼 길을 오시다니, 고생이 많으셨습니다."

"저와 함께 온 저의 아들 건이옵니다. 부디 장군의 부하로 받아들여 주시옵소서."

"오, 건이에 대한 소문은 익히 들었소. 늘 백성들을 먼저 생각하고 전투에 나가 용감하게 병사들을 이끈다고 이 철원 땅까지 칭찬이 자자하오."

궁예의 칭찬에 왕건은 예의를 갖추어 대답했다.

"과찬이십니다. 제가 부족한 점이 많지만 장군님이 큰 뜻을 이루시는 데 도움이 되겠습니다."

"이렇게 훌륭한 사람을 얻게 되다니 마음이 든든하오. 한데 송악 땅은 내가 직접 다스리는 것보다 그 지역의 사정을 가장 잘 아는 이가 돌보는 것이 좋을 것 같소. 그대들이 지금처럼 송악을 직접 다스려 주시오."

"분부 받들겠습니다."

"왕건, 이제 나와 함께 백성들을 위해 더 살기 좋은 세상을 만들어 봅시다. 하하."

"예."

이후 왕건은 궁예의 부하 장수로서 여러 전투에 참가했다. 어렸을 때부터 강가에서 생활한 왕건은 육지뿐만 아니라 물 위에서 하는 전투에도 매우 뛰어났다. 왕건은 탁월한 전략을 펼치고 용감하게 병사들을 지휘하며 크고 작은 전투에서 연달아 이겼다. 또한 늘 병사들을 진심으로 생각하고 병사들의 이야기를 귀담아 들어 주었다. 왕건은 병사들이 전투에서 두려워할 때면 마음에 용기를 불어넣어 주었다. 또 불만을 품거나 게으른 병사들을 따끔하게 가르치기도 하고 따뜻하게 달래며 사기를 높였다. 왕건의 이러한 모습에 감동한 병사들은 왕건을 진심으로 믿으며 의지하게 되었다.

"왕건 장군님과 함께라면 어떤 전투도 두렵지 않아. 왕건 장군님은 전투에 나갔다 하면 무조건 승리하니까."

"게다가 우리 같은 병사들이 불편하지 않은지 늘 살펴 주시니 그저 감사할 뿐이네. 이런 장군님은 정말이지 처음일세."

왕건의 승리에 힘입어 점점 더 세력을 넓히던 궁예는 마침내 새로운 나라, **후고구려**를 세우고 왕이 되었다.

한편 이 무렵 한반도에는 궁예 못지않게 힘을 키워 새 나라를 세운 견훤도 있었다. 견훤은 원래 신라의 장수였는데 신라에 반기를 들더니 점점 힘을 키워 **후백제**를 세웠다. 후고구려는 남쪽으로 신라뿐만 아니라 후백제와도 국경선을 접하고 있었다.

후고구려와 후백제 사이에 크고 작은 전투가 벌어지며 한반도를 차지하기 위한 경쟁이 점점 더 심해졌다. 궁예와 왕건은 후백제의 중심지인 금성(현재 나주)을 차지하고 싶어 했다. 그러던 어느 날, 왕건은 마침내 금성을 공격할 기회를 잡았다.

'지금 견훤의 군사들은 영토를 넓히느라 국경 지역을 신경 쓰고 있으니, 오히려 금성의 군사력이 약해져 있을 것이다. 바로 이때 우리가 금성을 공격하여 차지한다면, 견훤을 크게 흔들 수 있을 것이다.'

왕건은 곧 계획을 실행에 옮겼다. 결과는 대성공이었다. 왕건이 금성에 갑자기 들이쳐 정복한 것이다. 견훤은 나라의 중심 지역을 순식간에 빼앗긴 셈이었다. 이 소식은 바로 견훤에게 전해졌다.

"폐하, 폐하! 큰일 났습니다."

"무슨 일인데 그러느냐? 어서 말해 보거라."

"왕건이 금성에 갑자기 쳐들어와 그 땅을 차지했다고 합니다."

"뭐라고?"

견훤은 주먹이 부들부들 떨리기 시작했다. 금성은 여러모로 견훤에게 중요한 지역이었다. 금성은 중요한 포구들이 있어서 중국과의 해상 무역이 많이 이루어지는 곳이었다. 무엇보다 금성은 후백제의 세력 기반이었다. 이 지역의 호족들은 견훤이 나라를 세울 때 많은 도움을 주었기 때문에 견훤은 금성을 나라의 힘을 키우는 중심 지역으로 여기고 있었다. 이토록 중요한 곳을 빼앗긴 견훤은 참을 수 없는 분노를 느꼈다.

금성이 얼마나 중요한지는 신하들도 잘 알고 있기에 무거운 침묵이 흘렀다. 견훤은 분노를 참으며 물었다.

"어떻게 된 일이냐?"

"금성의 호족들이 우리를 배신하고 왕건에게 힘을 모았다고 합니다. 그래서 손을 써 볼 새도 없이 빼앗기게 되었습니다."

신하들의 말을 듣자, 견훤은 더욱더 분했다.

"뭐라고? 금성의 호족들은 이 나라를 세울 때 가장 큰 도움을 주었던 세력들이 아니냐? 온전히 나의 편인 줄 알았더니, 이렇게 배신을 하는구나. 내가 더 강하게 다스렸어야 했거늘!"

후고구려
901년, 궁예가 고구려를 계승하고자 세운 나라. 건국 당시 나라 이름은 '고려'였는데, 이후 나라 이름을 마진, 태봉으로 바꾸었다. 오늘날에는 고구려나 고려와 구별하기 위해 '후고구려'라고 부른다.

후백제
900년, 견훤이 백제를 계승하고자 세운 나라.

한편 왕건이 금성을 차지했다는 소식을 들은 궁예는 크게 기뻐했다.

"왕건, 탁월한 계획을 세워서 금성을 차지하느라 수고가 많았네. 이제 금성이 우리 땅이니 견훤이 바짝 긴장을 할 수밖에 없겠군. 하하."

"과분한 칭찬이옵니다. 군사들이 마음과 힘을 모아 준 덕분입니다. 또한 금성에 사는 호족들의 도움을 받았습니다. 견훤이 나라를 세운 뒤 금성의 호족들을 더 강하게 지배하려고 해, 그 지방 호족들이 불만을 품고 있다는 소식을 들었습니다. 그래서 금성의 호족들에게 우리 편이 되어 달라고 비밀리에 서신을 보냈습니다. 우리가 금성을 차지하게 되면 호족들을 간섭하지 않겠다고 약속했는데, 호족들이 그 말을 받아들인 것 같습니다."

"군사들의 마음을 하나로 모은 것도, 호족들의 마음을 사로잡은 것도 모두 그대의 훌륭한 능력일세. 그대는 이번에 정말 큰 공을 세웠네."

궁예는 왕건을 크게 칭찬했다.

한편 이대로 가만히 있을 수 없던 견훤은 금성을 다시 차지하려고 차근차근 준비하여 이후에 왕건과 싸움을 벌였다. 치열한 쟁탈전의 최종 결과는 왕건의 승리였다. 그리고 궁예는 계속해서 전투에 승리하고 영토를 넓히는 왕건에게 **시중**이라는 가장 높은 벼슬을 주었다. 나이가 많은 다른 신하들을 제치고 36살의 왕건에게 이렇게 높은 벼슬을 내린 것은 매우 파격적인 일이었다. 그만큼 왕건의 공로가 엄청났던 것이다.

한편 왕건에게 정복당한 지역의 사람들도 왕건을 반겼다. 왕건은 세금을 많이 걷거나 무리하게 전쟁을 벌이는 등 백성들을 힘들게 하는 일을 하지 않았기 때문이다. 내야 하는 세금이 줄고 **부역**에 부름받는 일도 적어지자 백성들은 자연스럽게 왕건을 따르게 되었다.

"예전에는 하루가 멀다 하고 세금을 걷고 전쟁에 나오라고 우리를 불렀는데, 왕건 장군 덕분에 이제는 숨통이 트이네그려."

"그러게 말일세. 옛날에는 성을 쌓거나 저수지를 만든다고 불러 대서 농사일을 제대로 돌볼 수가 없었는데, 지금은 농사일에 집중할 수 있어서 훨씬 먹고살기에 좋아지지 않았나."

왕건을 따르기는 호족들도 마찬가지였다. 호족들은 자기의 세력을 인정해 주는 왕건과 좋은 관계를 유지하며 평화를 지킬 수 있었다. 왕건의 집안도 무역을 통해 성장한 호족이었기에, 왕건은 지방 호족들의 상황을 누구보다 잘 알고 있었다. 그래서 호족들의 활동을 잘 이해하고 이를 지원해 주는 정책들을 펼쳐 나갔다. 호족들은 자신의 통치권이 안정적으로 유지되면서도 전쟁이 줄자, 왕건을 좋아하게 되었다.

이처럼 왕건은 전쟁에 임할 때나 백성들을 다스릴 때, 늘 사람의 마음을

시중
후고구려의 관리 등급 가운데 가장 높은 관직. 나랏일을 총괄하던 최고 정치 기구인 광평성의 우두머리로, 후고구려에서 궁예 다음으로 높은 자리였다.

부역
나라에서 특정한 일을 위해 백성에게 대가 없이 의무적으로 책임을 지우는 고된 일.

먼저 생각하고 이를 바탕으로 움직이는 사람이었다. 이러한 왕건의 인품이 널리 알려져 나라 안팎으로 왕건을 따르는 사람들이 점점 많아졌다.

통일 신라 말의 상황과 후삼국의 성립

통일 신라 말의 상황

신라는 8세기 후반부터 귀족들의 권력 다툼이 심해지면서 왕권이 약해지고 점점 나라가 쇠약해지기 시작했다. 급기야 어린 나이에 왕이 된 혜공왕이 반란군에게 죽임을 당하는 일이 벌어졌다. 이미 국가로서의 통치력을 잃은 신라는 왕위 다툼이 계속되고 걷잡을 수 없을 정도로 혼란스러워졌다.

백성들은 과도한 세금과 부역으로 힘들어했다. 세금을 내지 못한 백성들은 농사짓던 땅을 뺏기고, 가족까지 팔아야 했다. 계속되는 굶주림에 지쳐 정든 집과 고향을 버리고 떠돌이 생활을 하거나 산에 들어가 도적이 되는 백성도 있었다.

백성들을 올바르게 다스려야 할 관리들은 자신들의 이익만 챙기느라 제 역할을 하지 못하고, 똑똑하지만 신분이 낮은 사람들은 '골품제'라는 신분 제도의 벽에 막혀 꿈을 포기하게 되었다. 골품제는 혈통에 따라 나눈 신분 제도였다. 아무리 실력 있는 사람이라고 해도 골품제 때문에 오를 수 있는 벼슬이 정해져 있었다.

신라 귀족들의 사치스러운 생활을 보여 주는 유물들(왼쪽: 금동합, 오른쪽: 금동 문고리)

귀족들은 집안 대대로 이어받은 토지와 백성들에게서 얻어 낸 과도한 세금을 통해 많은 재물을 얻고 사치를 일삼았다. 귀족들은 '금입택'이라 불리던 규모가 아주 크고 금으로 치장한 집에서 살았고, 별장을 가진 귀족들도 많았다. 금동 문고리 같은 사치스러운 물건들을 사용하기도 했다. 귀족들은 자신만의 군대를 두기 시작했고 재물을 쌓는 데만 집중했으며 서로 왕이 되기 위해 싸움을 벌이느라 나랏일과 백성을 돌보는 일에는 관심이 없었다.

　엎친 데 덮친 격으로 자연재해가 계속해서 일어났다. 하지만 부패한 신라는 재난에 준비되어 있지 않았다. 신라 왕실은 고통받는 백성들을 도와줄 정책을 마련하지 못했다. 백성들은 지진, 홍수 같은 재난 때문에 엄청난 피해를 입었다. 참다못한 백성들이 지방 각지에서 들고일어났고 이를 진압할 힘이 없던 중앙 정부는 급속히 힘을 잃었다.

호족의 등장과 후삼국의 성립

　혼란한 시대에 신라의 중앙 정부가 제대로 된 역할을 하지 못하자 지방에서는 독자적인 세력들이 생겨났다. 바로 지방에서 군사력과 경제력을 갖추고 성장한 호족들이었다. 호족은 대부분 말단 행정 구역인 '촌'을 다스리던 '촌주' 출신이었다. 또는 지방으로 쫓겨난 귀족, 무역을 통해 큰돈을 번 세력, 군대 지휘관 등도 있었다. 이미 힘을 잃은 신라 중앙의 정부보다는 가까이에서 직접 다스리는 호족들이 일반 백성들에게 더 큰 영향을 미치게 되었다.

　어떤 세력들은 힘을 키워 마침내 자신만의 나라를 세울 정도가 되었다. 900년, 호족 출신의 견훤은 해상 세력과 신라 왕실에 불만을 품은 도적 떼들을 끌어들여 새 나라, 후백제를 세웠다. 그리고 양길이라는 도적 밑에서 세력을 키우던 궁예는 901년에 자신을 따르던 병사들을 이끌고 후고구려를 건국했다. 후고구려, 후백제, 신라 세 나라로 나뉜 후삼국 시대가 이렇게 시작되었다.

2장
옳은 것과 그른 것을 판별하다

궁예는 왕의 힘이 강한 나라를 만들고 싶어 했다. 그래서 호족 세력을 통제하기 위한 방법으로 힘과 공포 정치를 선택했다. 반란을 꾸미고 있다는 소문이 들리거나 반란을 일으킬 것 같은 낌새가 보이기만 해도 사람들을 무자비하게 죽였다.

신하들과 호족들은 궁예의 공포 정치에 떨었다. 궁예에 대한 불만이 커졌지만 어느 누구도 궁예를 말리지는 못했다.

"어제 또 어떤 지방의 호족이 **역모**를 꾸미고 있다는 헛소문 때문에 억울하게 죽임을 당했다네."

"저번에 끔찍하게 죽은 그 호족 이야기? 나도 들었네."

"아니, 저번이 아니라 어제라네. 새로운 이야기일세."

"도대체 몇 명인가? 어디 무서워서 입이라도 뻥끗하겠는가."

"그러게 말일세. 무서워서 살 수가 없네."

궁예의 공포 정치는 점점 심해졌다. 당찬 포부로 나라를 세우고 세상을 바꾸려던 궁예의 모습은 온데간데없었다. 사람들은 궁예를 무서워하기만 할 뿐, 마음에서부터 존경하고 따르지 않았다.

급기야 궁예는 자신이 사람의 마음을 읽을 수 있다는 얼토당토않은 주장을 하며 사람들을 의심하고 마구잡이로 죽였다.

"나는 미륵 부처이다. 나는 **관심법**을 써서 사람들의 생각을 다 읽을 수 있노라."

궁예는 자신의 아내인 왕후가 마음속에 다른 남자를 품고 있다고 의심하며 왕후마저 죽이기에 이르렀다. 이 소식이 퍼지자 사람들의 공포는 극에 달했다.

그러던 어느 날이었다. 궁예가 낮은 목소리로 왕건에게 말했다.

"왕건아, 네가 역모를 꾸미고 있구나."

역모
통치자에게서 나라를 다스리는 권한을 빼앗으려는 일.

관심법
상대편의 몸가짐이나 얼굴 표정, 얼굴 근육의 움직임 등으로 속마음을 알아내는 기술.

"예? 폐하, 무슨 말씀이신지……."

왕건은 깜짝 놀라 궁예를 바라봤다. 궁예에게 충성하는 장수로서 나라의 발전을 위해 애쓰기만 하던 왕건이었다. 왕건은 역모를 꾸민 적이 없다고 사실대로 말하려고 했다. 하지만 궁예의 대답은 왕건의 등골을 서늘하게 만들었다.

"나는 마음을 읽을 수 있느니라. 관심법을 통해 네가 역모를 꾸민다는 것을 알 수 있단 말이다."

왕건은 몸이 얼어붙는 듯했다. 양손에는 땀이 흥건해졌다. 만일 역모를 꾸미지 않았다고 사실대로 말하면, 궁예는 거짓말했다고 몰아붙이며 왕건에게 큰 벌을 내릴 게 뻔했다. 자칫 목숨을 잃게 될 수도 있었다. 그렇다고 역모를 꾸몄다고 말할 수도 없었다. 반란 계획을 들킨 사람은 무조건 바로 죽임을 당했으니 말이다. 어떤 대답을 해야 죽음을 피할 수 있을지는 아무도 몰랐다.

궁궐에 있는 모든 사람의 표정이 겁에 질린 듯 굳었다. 궁궐 안은 고요한 긴장만이 가득했다.

톡, 데구루루…….

무거운 침묵을 깨뜨린 것은 붓이 떨어져서 구르는 소리였다. **최응**이 붓을 떨어뜨린 것이었다. 떨어진 붓은 데굴데굴 굴러서 왕건에게로 갔다. 최응은 글재주와 총명함이 남달라 궁예의 아낌없는 총애를 받던 신하였다. 최응은 바닥에 떨어진 붓을 줍기 위해 왕건 근처로 갔다. 그러고는 붓을 주우며 왕건에게 작은 소리로 속삭였다.

"폐하가 원하는 대로 역모를 꾸몄다고 말하시옵소서. 그렇게 해야 살 것입니다."

최응의 말을 들은 왕건은 어떻게 대답할지 한참 동안 신중히 생각했다. 궁궐은 점점 더 무거운 침묵에 빠져들었다. 마침내 왕건이 결정을 내렸다. 그리고 무거운 목소리로 입을 열었다.

"죄송하옵니다, 폐하. 제가 역모를 꾸몄나이다. 죽을죄를 지었습니다. 죽여 주시옵소서."

궁궐 안에 있는 모든 사람들은 궁예가 무슨 말을 할지 가슴을 졸이며 귀를 곤두세웠다.

그런데 궁예는 갑자기 크게 웃었다.

"하하하, 왕건 네가 사실대로 말을 하였구나."

궁예는 자신의 관심법이 맞았다는 사실에 크게 기뻐하며 말을 계속 이었다.

"사실대로 말한 왕건에게 내가 큰 상을 내리겠노라. 다시는 나를 속이지 말라."

최응(898~932)
고려 전기의 문신. 10대의 어린 나이에 후고구려의 궁예에게 발탁되어 신임을 얻었다. 이후 고려 초에 여러 가지 벼슬을 두루 거치며 왕건이 나랏일을 논의하는 중요한 신하가 되었다.

왕건은 깜짝 놀라며 가슴을 쓸어내렸다. 궁궐에 있던 모든 신하들도 그때서야 졸였던 마음을 겨우 놓으며 얕은 한숨을 뱉어 냈다.

왕건은 가까스로 목숨을 구했지만 궁예 곁에 있는 것에 위기를 느꼈다. 언제 오해를 받아서 죽을지 모른다는 생각이 들자 등골이 오싹했다. 그래서 왕건은 잠시 후고구려의 수도인 철원을 떠나 지내며 나라를 위해 무엇을 해야 옳을지 숱한 고민을 했다.

이후 왕건이 다시 궁예가 있는 철원으로 돌아오자 많은 신하들이 왕건을 반겼다. 여전히 신하들은 궁예의 공포 정치에 힘겨운 시간을 보내고 있었다. 궁예는 자신의 신경에 거슬리거나 자신의 뜻과 다른 의견을 내는 신하들을 무자비하게 죽였다.

호족들과 백성들의 공포심도 매우 컸다.

"궁예 임금이 사람을 마구 죽인다! 궁예 임금이 미쳤다!"

이 같은 소문이 온 나라에 파다하게 퍼졌다. 사람들은 궁예가 무서워서 어쩔 수 없이 따르는 척했지만 마음속으로는 깊은 불안과 분노를 느꼈다. 궁예는 점점 자신을 따르던 사람들의 마음을 잃고 말았다. 결국 궁예와 오랜 시간을 함께한 충성스러운 신하들의 마음마저 돌아섰다.

어느 깊은 밤, 몇 명의 신하들이 굳은 결심을 담은 눈으로 서로를 바라봤다.

"준비는 다 되셨소이까?"

"물론이오. 이 선택에 후회는 없소."

"실패하면 우리에겐 죽음뿐입니다."

"어차피 이 일이 잘못되어서 죽든지, 어느 날 갑자기 궁예 임금에게 오해를 사서 죽든지, 죽는 것은 같소."

"분명 그분은 거절하실 것 같은데……."

"그래도 지금 상황에서 단 하나의 희망은 그분뿐입니다. 옛날에 용감하고 의리 있게 나라를 잘 다스리던 궁예 임금은 이제 없소."

어두운 밤공기 사이로 무거운 대화가 오갔다. 신하들의 발걸음은 어느 집 앞에서 멈췄다.

"아니, 자네들! 이 늦은 밤에 어인 일인가?"

왕건이 놀란 얼굴로 신하들을 맞았다.

"저희가 여기 온 이유를 아실 거라 생각합니다."

신하들이 강한 눈빛과 굳은 얼굴로 왕건에게 나직이 말했다. 오랫동안 왕건과 함께해 온 신하들은 왕건이 새로운 지도자의 역할을 누구보다도 잘 해낼 것이라고 생각했다. 신하들은 후고구려 최고의 재상으로서 그 인품과 능력을 두루 인정받아 온 왕건이라면, 궁예의 난폭한 정치를 끝내고 새로운 시대를 열 수 있을 거라고 믿었던 것이다.

신하들의 말은 곧 깊은 침묵으로 이어졌다. 왕건은 신하들이 찾아온 이유를 알아채고 심각한 표정으로 생각에 잠겼다. 잠시 뒤 왕건이 조심스레 말했다.

"내 어찌 모르겠는가……."

왕건은 깊은 한숨을 쉰 뒤에 말을 이었다.

"하지만 궁예 임금은 내가 스무 살 때부터 지금까지 모셔 온 분일세."

"그렇지만 궁예 임금의 난폭한 정치 때문에 이 나라의 백성들이 불안에 떨고 있습니다."

"궁예 임금은 변했습니다. 그는 더 이상 이 나라의 백성들을 잘 다스릴 수 없습니다."

"알고 있네만, 그렇다고 내 어찌 한 나라의 왕을 배신할 수 있겠는가? 그것은 신하의 도리가 아닐세."

"하지만 이건 역모가 아닙니다. 백성들이 마음 놓고 행복하게 살 수 있는 오직 하나뿐인 길입니다. 여기서 망설이면 우리뿐만 아니라 백성들도 계속해서 불안과 공포 속에 살아야 합니다."

왕건은 깊은 고민에 빠졌다. 신하의 도리와 역할을 한순간에 저버리기는 어려웠다. 궁예와 함께 나라를 평화롭게 이끌었던 시절을 떠올리니 마음에 슬픔이 밀려왔다. 하지만 신하들의 말은 모두 바른말이었다. 심지어 궁예가 아끼는 신하인 왕건 자신도 목숨을 잃을 뻔하지 않았던가. 왕건은 자신을 찾아온 신하들의 마음을 누구보다 잘 이해할 수 있었다. 이제 왕건은 큰 결심을 해야 할 길목에 서 있었다.

똑똑. 깊은 침묵 사이로 문을 두드리는 소리가 들렸다. 문이 열리고 왕건의 부인 유씨가 들어왔다. 유씨의 손에는 갑옷과 투구가 들려 있었다. 유씨는 부드럽지만 단호하게 말을 시작했다.

"지금 수많은 백성들이 궁예 임금 때문에 몹시 두려워하고 있습니다. 이 나라의 백성들이 마음 놓고 살 수 있는 평화로운 새 나라를 만들어 주시옵소서."

말을 마친 유씨는 왕건의 눈을 바라보며 갑옷과 투구를 건넸다. 왕건은 마침내 오랜 고민을 끝내고 의지가 가득한 눈빛으로 갑옷과 투구를 받아 들었다.

왕건과 신하들은 곧 궁궐로 향했다. 왕궁의 신하들은 상황을 파악하고 다급한 목소리로 궁예를 깨웠다.

"폐하, 어서 일어나시옵소서! 피하셔야 합니다!"

자고 있던 궁예는 급히 일어나 자신의 운명을 직감하고 황급히 도망쳤다. 궁예는 밤새 정신없이 달아나다가 어느 낯선 곳에 도착했다. 어느새 해가 밝았다.

"저 사람은 궁예 임금처럼 한쪽 눈이 멀었네."

"그러고 보니 궁예 임금을 닮았는데……?"

"뭐? 우리를 그토록 힘들게 했던 궁예 임금 말이야?"

궁예인 것을 알아챈 사람들의 손에, 궁예는 생의 끝을 맞이했다.

궁예를 몰아낸 왕건은 새로운 나라를 세웠다. 왕건은 고구려를 계승한다는 뜻으로 새 나라를 '고려'라고 이름 지었다. 백성들 앞에서 왕건은 쩌렁쩌렁한 소리로 외쳤다.

"힘들었던 시절을 뒤로하고, 이제 새로운 나라인 고려의 건국을 선포하노라!"

왕건의 외침에 백성들은 환호했다. 그동안 겪었던 힘든 일들을 생각하며 눈물을 흘리는 사람들도 있었다. 궁예의 난폭한 정치 아래서 언제 죽을지 몰라 늘 마음 졸이던 신하들과 호족들 그리고 백성들은 이제 마음 놓고 편히 살 수 있다는 기대에 부풀었다.

무엇이 백성을 위한 옳은 결정인지 철저하고도 신중히 고민했던 왕건. 그의 결단과 함께 새 나라, 새 시대가 펼쳐지기 시작했다.

역사 한 고개

견훤과 궁예

신라 말의 혼란스러운 상황에서 새로운 시대를 꿈꾸며 나라를 세운 사람들이 있었다. 바로 견훤과 궁예였다.

견훤

견훤은 867년, 농부 출신의 호족인 아자개의 아들로 태어났다. 견훤은 큰 포부를 펼치기 위해 신라의 군대에 들어갔다. 그리고 군대에서 여러 활약을 펼쳐 신라의 군대를 이끄는 장군이 되었다.

당시 신라는 왕실의 힘이 약해지고 백성들의 불만이 많은 시기였다. 그래서 나라 곳곳에서 신라 조정에 불만을 품은 백성들이 민란을 일으켰다. 이러한 상황에서 신라 조정은 견훤에게 군대를 주어 민란을 진압하라고 했다.

하지만 견훤은 민란을 진압하는 대신, 그 군사들과 도적 떼 그리고 뜻을 같이 하는 사람들을 데리고 지금의 전라도 지역으로 향했다. 그리고 892년, 옛 백제의 영토였던 무진주(현재 광주)를 정복하고 세력을 넓혔다. 이어 900년, 견훤은 완산주(현재 전주)를 도읍으로 삼아 나라를 세우고, 백제를 계승한다는 뜻으로 나라 이름을 '후백제'라고 했다.

견훤이 쌓은 것으로 알려진 견훤 산성

궁예

궁예는 신라의 왕족 출신이라는 설과 몰락한 귀족의 아들이라는 설이 있다. 그런데 당시 왕권 다툼에서 밀려나 궁예를 불길하게 여긴 세력들이 아기였던 궁예를 죽이려고 했다. 갓 태어난 아기가 죽는 것을 볼 수 없었던 한 궁녀가 궁예를 몰래 가까스로 구했는데, 구하는 과정에서 실수로 궁예의 눈을 세게 찔러 한쪽 눈이 멀게 되었다.

이후 궁궐 밖에서 궁녀의 보살핌 아래 자라난 궁예는 '세달사'라는 절에 들어가 승려가 되었다. 이 무렵 신라 왕실은 백성들에게 과도하게 세금을 물렸고, 살기 어려워진 백성들은 떠돌아다니거나 도적이 되어 곳곳에서 민란을 일으켰다. 궁예는 큰 뜻을 품고 절에서 나와 유명한 도적인 기훤의 부하로 지내며 공을 세우다가, 이후 또 다른 도적인 양길 밑으로 들어갔다. 궁예가 여러 싸움에서 크게 활약하자, 자연스레 궁예를 따르는 병사들이 늘어났다.

이렇게 차츰 세력을 키우던 궁예는 894년, 명주(현재 강릉) 일대를 차지한 뒤 양길로부터 독립했다. 이에 화가 난 양길이 궁예를 공격했으나 궁예에게 지고 말았다. 궁예는 양길의 세력까지 끌어들여 강원도 일대와 경기도, 황해도까지 세력을 넓히다가 마침내 901년, 송악(현재 개성)을 도읍으로 정하고 고구려의 부흥을 내세우며 새 나라인 '후고구려'를 세웠다.

'궁예 미륵'이라 불리는 국사암 석조 여래 입상

3장
백성들과 호족들의 마음을 지혜롭게 헤아리다

왕건이 전쟁 없이 평화롭게 왕위에 오르자 백성들은 크게 기뻐했다. 그동안 나라가 바뀔 때마다 전쟁으로 인해 수많은 사람들이 희생되었다. 그러나 고려는 달랐다. 백성들의 희생 없이 평화롭게 새 나라, 새 왕이 탄생한 것이다.

왕건의 너그럽고 인자한 인품은 이미 장수 시절부터 널리 알려져 있었다. 궁예의 포악한 정치에 지친 백성들은 훌륭한 인품을 가진 새로운 왕, 왕건을 매우 반갑게 맞았다. 신하들은 이제 마음 놓고 바른말을 할 수 있을 거라는 기대도 품었다.

왕건은 고려를 세운 뒤 백성들의 삶을 먼저 살폈다. 백성들은 엄청난 세금에 너무나도 지쳐 있었다. 아무리 열심히 농사를 지어도 나라에 내야 할 세금이 너무 많았다. 종일 쉴 틈 없이 일해도 버는 것보다 내야 할 세금이 더 많으니, 백성들이 도저히 감당할 수 없는 지경이었다. 세금을 내지 못해 산으로 도망쳐 버린 백성들도 있었다.

"아니, 순심이네가 어딜 갔는가? 보이지를 않네."

"그 집은 세금을 몇 번이나 못 내서 관리가 못살게 굴지 않았나. 견디다 못해 산으로 도망친 것 같네."

"산으로 갔다고? 그게 정말인가? 산속의 호랑이에게 잡아먹히면 어떡하려고!"

"호랑이보다 무서운 게 세금을 내라고 쫓아오는 관리일세. 그깟 호랑이야 무섭기는 해도 세금에 비할 바가 못 되지. 세금을 내지 못해 노비가 되어 평생을 사는 것보다는 낫지 않겠는가. 건넛마을 순돌이네는 세금 낼 돈이 없어서 가족을 다른 집 노비로 팔았다는구먼."

"아이고, 정말이지 살기가 너무 힘드네. 얼마 전에 전쟁에 나갔다 왔는데 이번에는 성을 쌓는다고 또 나오라고 부르니, 대체 농사는 언제 지어야 할지 막막하네."

"그러게 말일세. 걸핏하면 불러 대서 고된 일을 시키니 몸이 여기저기 안 아픈 곳이 없어."

백성들의 이런 딱한 사정을 잘 아는 왕건은 백성들을 위한 정치를 펼치겠다고 굳게 다짐하며 단호하게 말했다.

"내가 임금이 된 것은 모두 백성들 덕이므로, 백성들을 살피는 것이 내가 왕으로서 해야 할 마땅한 도리로다. 백성들에게 세금을 걷을 때는 일정한 법도가 있어야 한다. 백성들에게 세금을 지나치게 많이 거두지 말고 합리적으로 세금을 걷도록 하여라. 세금의 부담을 못 견디고 도망쳐 정처 없이 떠돌던 백성들은 다시 고향으로 돌아가도록 하여라. 집집마다 백성들이 편안하게 살며 평화로운 시절을 누리기를 바란다."

왕건은 백성들이 내야 할 세금을 대폭 줄였다. 백성들은 왕건의 정책에 매우 기뻐했다. 엄청난 세금에 시달리던 백성들에게 단비와도 같은 소식이었다.

백성들이 편안하게 살 수 있도록 살핀 왕건의 정책은 이뿐만이 아니었다. 과중한 세금 때문에 억울하게 노비가 된 사람들을 위한 놀라운 정책도 있었다.

"과한 세금을 낼 방법이 없어 노비가 된 백성들을 철저히 조사해서 한 명도 억울한 사람이 없도록 자유의 몸으로 풀어 주어라."

평생을 노비로 살아야 하는 깜깜한 미래에 울고 있던 백성들은 이 소식을 듣고 기쁨의 눈물을 흘렸다. 힘없는 백성들에게 왕건은 어지러운 시대를 구한 새로운 왕일 뿐만 아니라, 목숨을 구해 준 존재와 다름없었다. 삶이 점점 안정을 찾아 가자 백성들은 마음 깊이 왕건을 따르고 좋아하게 되었다.

"이제 농사일에만 집중할 수 있네. 농사지은 것을 세금으로 다 내지 않고 우리 가족이 배불리 먹으니, 이전보다 훨씬 풍요로워졌어. 농작물이 남으면 이젠 팔기도 한다네. 하하."

"세금을 못 견디고 도망치거나 노비가 된 사람들이 하나둘씩 다시 돌아오기 시작했구먼."

왕건은 미래를 내다보며 백성들을 위해 꼭 필요한 정책도 생각해 냈다. 먹을 것이 떨어졌을 때를 대비해서 백성들을 도와주는 관청인 **흑창**을 설치한 것이다. 이처럼 왕건은 백성들을 아끼고 사랑하는 마음을 바탕으로, 백성들에게 가장 필요한 것이 무엇일지를 넓은 시각에서 헤아릴 줄 아는 왕이었다.

한편 왕건이 해결해야 할 문제는 또 있었다. 바로 호족 세력들의 마음을 사는 일이었다. 오랫동안 궁예에게 지쳐 있던 호족들은 왕건을 왕으로 삼기는 했지만 완전히 왕건 편은 아니었다. 호족들은 왕건이 어떤 정책을 펼칠지 주의 깊게 살펴보고 있었다. 지방의 호족들은 여전히 독자적으로 강한 세력을 이루고 있던 터라, 왕건은 호족들이 언제나 왕권을 위협할 수 있는 요소라는 것을 잘 알았다. 왕건 본인도 호족 출신이기 때문에 누구보다도 호족의 영향력을 알고 있던 것이다. 따라서 왕건은 호족 세력의 마음을 얻는 게 그 무엇보다 중요하다고 생각했다. 호족들이 왕건을 진심으로 따

흑창
왕건이 설치한 빈민 구제 기관. 평소에 곡식을 저장해 두었다가 흉년이 들 때나 곡식이 다 떨어진 봄철에 백성들에게 나누어 주고 추수하는 시기에 갚게 했다.

르게 만들어야 했다.

　왕건은 다른 사람의 마음을 누구보다도 잘 헤아리는 사람이었다. 이를 이용해 서로에게 좋은 방법들을 생각해 내는 데 탁월했다. 왕건은 호족들의 마음을 꿰뚫어 보고는 호족 세력을 사로잡을 방법을 찾기 시작했다.

　'호족들이 나에게 반기를 들 수 없는 아주 강력한 연결 고리가 필요하다. 그러면서도 호족들이 누리고 있는 것들을 그대로 유지하게 해 주어야 한다. 음…….

끊을 수 없는 고리라. 그래! 가족은 끊을 수 없지.'
 마침내 왕건은 한 가지 방법을 생각해 냈다.
 '호족의 딸들과 혼인을 하여, 호족의 사위가 되면 되겠군. 자신의 사위에게 반란을 일으킬 호족은 없지 않겠는가.'
 그래서 왕건은 평생에 걸쳐 지방에서 강력한 세력을 지닌 호족 가문의 딸들과 결혼했다. 결혼을 통해 각 지방의 힘 있는 호족 세력을 자신의 편으로 만든 것이다. 호족들은 자신이 왕과 가족이 되었다는 사실을 자랑스

러워했고, 왕건에게 진심 어린 응원과 지지를 보냈다.

하지만 왕건이 모든 힘 있는 호족의 딸들과 결혼할 수는 없는 일이었다. 그래서 왕건은 자식이 잘되기를 바라는 부모의 마음을 헤아려 또 다른 정책을 마련했다.

'모든 부모는 자식이 출세하기를 바라지. 출세를 하려면 공부를 열심히 해야 하는데……. 그렇지! 호족의 아들들을 내가 있는 개경(고려 이전의 송악, 현재 개성)으로 데려와 공부를 시켜야겠다.'

왕건의 정책은 성공적이었다. 지방의 호족들은 자신의 아들이 고려의 수도인 개경에서 공부하고, 이것을 기회로 하여 고려의 관리가 되는 것을 자랑스러워했다. 또한 아들이 개경에 있었기 때문에 왕건에게 반기를 들고 개경에 쳐들어갈 생각을 하지 못했다. 호족의 아들이 개경에서 공부하고 있다는 소문이 각 지방에 퍼지니, 호족들은 지방에서 더욱더 권위가 생겼다. 자연스레 호족들은 아들이 공부를 마친 뒤 고려의 조정에서 일하게 되었을 때, 고려 조정을 적극적으로 지지했다.

한편 호족들은 돈이 많고 권력은 있지만 귀족은 아니었다. 오히려 몰락한 귀족 출신도 있었다. 그래서 호족들의 마음속에는 늘 이 점이 아쉬움으로 남아 있었다. 왕건은 호족들의 이러한 마음을 매우 섬세하게 헤아려 새로운 정책을 만들었다.

왕건은 호족들이 명예를

얻고 싶어 할 거라고 생각했다. 그래서 호족들에게 명예를 주는 방법을 고민한 끝에, 왕족에게만 있었던 성을 호족들에게 내릴 계획을 세웠다. 왕건은 특히 자신과 같은 왕씨 성을 내린다면, 호족들이 분명 이를 자랑스러워할 것이라 믿었다.

곧 왕건은 각지의 호족들에게 성을 내리고, 공로가 특별히 큰 호족에게는 관직과 토지를 주고 왕씨 성을 내렸다. 호족들은 왕건과 같은 성을 쓴다는 것을 큰 영광으로 생각했다. 왕건이 왕씨 성을 내린 데에는 호족들과 같은 성 아래 가족처럼 지내자는 뜻이 들어 있었다. 왕건의 이런 깊은 뜻을 이해한 호족들은 크게 감동하며 왕건을 따르게 되었다.

왕건은 호족들이 두려워하는 것이 무엇인지도 정확히 알고 있었다. 호족들은 자신의 세력을 잃을까 봐 두려워했다. 왕건은 호족들의 세력을 안전하게 지켜 준다면, 호족들의 마음을 오롯이 사로잡을 수 있을 거라고 생각했다. 그래서 왕건은 호족들에게 **본관**을 주어 그들이 살고 있는 지역을 직접 다스리게 했다. 호족들은 자신의 지역을 다스릴 권한이 안정적으로 지켜질 거라는 믿음이 생기자, 다른 사람에게 충성할 필요가 없어졌다. 자연히 왕건이 세운 고려 왕실에 충성하게 되었다.

그렇다고 왕건이 호족들을 극진히 대접하기만 했던 것은 아니었다. 왕건은 한편으로는 긴장의 끈을 놓지 않고 호족들이 고려 왕실에 반기를 들지 못하도록 통제했다. 지방의 큰 호족들을 '사심관'으로 임명해, 사심관이 그 지역의 향리들을 직접 임명하고 다스리게 한 것이다. 사심관은 개경에 머물면서 출신 지역의 일에 관여하고 그 지역의 치안을 책임졌다. 어떤 지역에서 반역이 일어나면 그곳을 다스리는 사심관에게도 책임을 물음으로써, 중앙 정부에서 지방의 호족들을 통제하고 감시할 수 있었다.

　이처럼 왕건은 사람들의 마음을 헤아리면서 나라를 안정시키기 위해 꼭 필요한 정책들을 하나하나 지혜롭게 펼쳐 나갔다. 전쟁 없이, 백성들의 희생 없이 나라를 세운 왕건은 이렇게 점점 모든 백성들의 마음을 하나로 모아 고려의 안정을 이끌어 갔다.

본관
그 가문의 시조가 태어난 곳. 즉 그 성씨가 처음 생겨난 지역을 일컫는 말이며, 보통 '김해 김씨'처럼 성과 함께 불린다.

4장
신하를 잃은 슬픔을 딛고서

고려가 세워지고 약 10년이 지난 어느 날, 호시탐탐 신라를 차지하고 싶어 하던 견훤은 결국 신라의 수도인 금성(현재 경주)을 공격했다. 이미 견훤과 싸울 힘이 없었던 신라의 **경애왕**은 다급하게 동맹국인 고려에 구원 요청을 보냈다. 왕건은 신라를 돕기 위해 군사를 일으켰다.

하지만 이미 늦은 상태였다. 고려군이 신라에 도착하기도 전에, 견훤은 이미 금성을 쑥대밭으로 만들었다. 견훤은 신라의 경애왕을 죽게 만들고, 자기 마음대로 새로운 인물인 **경순왕**을 왕위에 앉혔다. 또한 보물들을 빼앗고 신라의 귀족들을 인질로 잡아갔다.

이 소식을 들은 왕건은 몹시 분노했다.

"우리의 동맹국인 신라를 쑥대밭으로 만들어 놓고 왕을 죽게 만들다니.

과연 사람이 할 짓인가!"

왕건은 신라에서 후백제로 돌아가는 견훤의 군사들을 공격할 계획을 세웠다. 싸움을 일으킬 곳은 바로 공산(현재 팔공산)이었다. 공산은 산악 지형이라 숨어 있기에 좋고, 적군이 왔을 때 갑자기 공격해서 쳐부수기에 딱 알맞은 장소였다.

"우리는 견훤보다 먼저 공산에 도착해 적들을 기다릴 것이다! 공산은 산이 높지 않고 숲이 울창하면서도 위쪽에서 아래가 잘 내려다보이니, 우리가 먼저 산 위를 차지하면 적들의 움직임이 잘 보일 것이다. 공산에 올라 숨어 있다가 견훤의 군사들이 지나가면 재빨리 내려와 공격하기로 한다!"

"네, 폐하."

왕건은 고려를 세우기 전부터 전쟁 경험이 아주 많은 장군이었으며, 왕건을 따르던 장수들도 그러했다. 따라서 왕건과 장수들은 이 전략이 성공할 거라고 믿어 의심치 않았다.

경애왕(?~927)
신라 제55대 왕. 신라가 크게 약해져 있을 때 왕위에 올라 후백제 견훤의 압박을 받았으며, 왕위에 오른 지 4년 만에 견훤의 습격을 받고 죽게 되었다.

경순왕(?~979)
신라 마지막 왕. 경애왕이 죽은 뒤 견훤에 의해 왕위에 올라 8년 동안 신라를 다스렸다.

하지만 견훤도 왕건 못지않게 용맹하고 똑똑한 전략가였다. 견훤은 이미 왕건이 군사들을 이끌고 출발했다는 소식을 들었다.

"고려군은 어디쯤 왔느냐?"

"폐하, 공산 쪽으로 가고 있다고 하옵니다."

"공산이라……."

공산은 견훤이 지형을 매우 잘 아는 산이었다.

"우리가 돌아가는 길에 갑자기 들이칠 생각이구나."

"폐하, 그럼 어떻게 하는 것이 좋겠사옵니까?"

"저들이 산 위에서 우리를 공격하면 우리에게 이롭지 않다. 고려군이 공산에 도착하기 전에 우리가 먼저 저들을 쳐야겠다."

"네, 폐하."

후백제 장수들 가운데 전투에 있어서 견훤의 능력을 의심하는 사람은 아무도 없었다.

"왕건은 우리가 먼저 칠 줄 모르고 있을 것이니, 깜짝 선물이 되겠군. 하하하!"

견훤은 자신의 계획에 만족한 듯 호탕하게 웃었다. 견훤의 군사들은 공산을 향해 발걸음을 재촉했다.

"폐하, 폐하!"

고려군에 다급한 외침이 들려왔다. 곧 사방에서 화살이 쏟아지기 시작했다. 견훤이 먼저 공격할 거라고는 꿈에도 생각하지 못했던 고려군은 소나기처럼 쏟아지는 화살에 하나둘씩 쓰러지기 시작했다.

왕건이 아끼는 장군 **김락**이 맨 앞에 서서 날아오는 화살을 막으며 열심히 싸우고 있었다. 왕건은 가슴이 철렁 내려앉았다. 어려운 전투가 될 거라는 불길한 예감이 들었다. 왕건은 다급하게 온 힘을 다해 외쳤다.

"어서 후퇴하라!"

　하지만 후퇴하라는 명령이 고려군에게 채 전달되기도 전에, 견훤의 군사들이 함성을 지르며 재빨리 고려군으로 돌진했다. 왕건 앞에서 고려군이 무너지기 시작했다. 순식간에 후백제군이 왕건을 에워쌌다. 앞뒤를 둘러봐도 고려군은 없었다. 이미 왕건의 완벽한 패배였다. 왕건은 밀려오는 슬픔을 겨우 누르며 남은 병사들의 희생을 줄이려면 어떻게 해야 할지 다급하게 생각했다. 그러나 방법은 없었다. 후퇴, 오직 후퇴뿐이었다. 그때 **신숭겸**을 비롯한 여러 명의 장군들이 왕건에게 뛰어왔다. 신숭겸이 타고 왔던 말은 이미 죽고 없었다.

김락(?~927)
고려를 세울 때 크게 이바지한 개국 공신이자 장군.

신숭겸(?~927)
고려를 세울 때 크게 이바지한 개국 공신이자 장군. 궁예를 몰아내고 왕건을 추대하여 왕으로 세운 신하 가운데 한 명이다.

"폐하, 여기는 저희가 막겠나이다. 어서 도망치시옵소서!"

"그럴 수는 없네! 그대들을 두고 어찌 내가 가겠는가!"

"고려를 위해 더 큰일을 이루기 위해서입니다. 어서 도망가시옵소서."

"그대들을 잃을 수 없다!"

"폐하……."

"그대들과 오랜 시간을 함께했는데 내가 어떻게 그대들을 두고 갈 수 있단 말인가…….."

신하들과 왕건의 눈시울이 빨갛게 물들었다. 왕건도 신하들도 모두 알고 있었다. 왕건이 여기서 떠난다면 다시는 서로 볼 수 없다는 것을. 질 것이 분명한 전투에 신하들이 남는다는 것은 죽음을 각오했다는 뜻이었다.

"폐하, 이렇게 계시다가는 폐하까지 죽음을 맞게 됩니다. 견훤이 폐하를 잡아 오는 자에게 큰 상을 내린다고 하여 모든 적군들이 폐하를 찾고 있습니다."

"나는 자네들을 잃을 수 없네. 어서 탈출하세! 내 말에 타게."

"폐하, 아니 되옵니다. 폐하의 갑옷과 말을 보면 저들이 벌 떼처럼 달려들 것입니다. 저와 옷을 바꾸어 입고 어서 탈출하시옵소서. 제가 여기 남겠습니다."

신숭겸이 굳게 결심한 듯 단호하게 말했다. 왕건은 머릿속이 하얘졌다.

"그게 무슨 말인가? 안 되네! 내 말을 타고 같이 탈출하세! 자네를 두고 갈 수는 없네!"

그러나 왕건의 애원에도 신숭겸의 눈빛은 흔들리지 않았다.

"폐하, 저는 폐하를 오랫동안 모시면서 한 번도 후회한 적이 없습니다."

이미 신숭겸의 눈에는 결심이 가득 들어 있었다. 그 누구도 꺾지 못할 결심이었다.

"안 되네, 어떻게 내가 그대를 두고 혼자 가겠는가. 그건 말이 안 되네. 고려는, 아니 나 왕건은 자네가 필요하네."

"폐하, 아니 되옵니다. 지금 폐하가 목숨을 구하실 방법은 제가 여기 남아 시간을 끄는 것뿐입니다. 어서 도망가셔서 꼭 살아남아 고려를 더 좋은 나라로 만들고 백성들에게 더 좋은 세상을 열어 주시옵소서."

왕건의 눈에서는 하염없이 눈물이 흘렀다.

신숭겸은 왕건의 갑옷을 입고 왕건의 말에 올라타 전투를 지휘했다. 견훤의 군사들은 왕의 옷을 입은 신숭겸을 왕건으로 착각하여 신숭겸을 쫓았다. 그사이 왕건은 겨우 탈출하여 가까스로 목숨을 건졌다. 그야말로 고려군의 완벽한 패배였다.

공산 전투에서 이긴 견훤은 몹시 기뻐하며 이 기세를 몰아 본격적으로 크고 작은 정복 전쟁을 계속해 나갔다. 견훤은 공산 전투를 통해 경상도 일대로 세력을 넓히며 한반도를 점령하는 데 유리한 위치를 차지하게 되었다. 이미 신라의 수도인 금성을 차지했으니 이제 힘이 약해진 신라 전체를 정복하고, 신라의 군사와 영토를 기반으로 고려까지 삼켜서 세 나라를 통일할 계획을 세웠다. 기세가 등등한 견훤의 군사들은 점령한 지역의 백성들을 못살게 굴고 재물을 빼앗았다.

반면 고려는 훌륭한 장수들을 잃고 5000여 명의 군사들을 거의 다 잃어 피해가 어마어마했다. 무엇보다 고려를 세우는 데 공이 컸던 김락과 신숭 겸을 잃었으니 군사들의 사기가 꺾인 것은 당연했다.

 거우 목숨을 지켜 고려로 돌아온 왕건은 전투에서 목숨을 잃은 장군들과 병사들을 오랫동안 그리며 깊이 슬퍼했다. 몇 날 며칠 동안 가슴을 치며 울어도, 마음속 깊은 곳에서 차오르는 슬픔은 쉽게 가시지 않았다.

 왕건은 전투로 희생된 수많은 장군들과 병사들의 넋을 기리는 제사를 지내고, 신숭겸을 기리는 '지묘사'라는 절을 세웠다. 그들의 희생을 기억하고자 한 것이다. 신하들을 마음 깊이 아끼던 왕건은 그렇게 말로 다할 수 없는 슬픔을 가슴에 묻고, 신하들의 죽음을 헛되이 하지 않도록 다짐하고 또 다짐했다.

5장
포용의 리더십으로 승리하다

공산 전투 이후, 슬픔에 잠긴 왕건은 패배의 이유가 무엇인지 되돌아보기 시작했다. 왕건에게 공산 전투의 기억을 다시 떠올리는 것은 무척이나 고통스러운 일이었다. 그러나 언제까지 주저앉아 있을 수는 없었다. 무엇보다 신숭겸이 눈물을 머금고 더 나은 나라를 만들어 달라고 했던 말이 귓가에 맴돌았다. 왕건은 곧 결심에 찬 표정으로 신하들에게 말했다.

"여러 군사들의 희생을 헛되지 않게 하는 길은, 고려가 힘을 기르는 방법뿐이다. 우리 고려는 앞으로 이런 일이 다시는 일어나지 않도록 나라의 힘을 키우고 군사력을 기를 것이다. 공산 전투에서 진 이유를 살피고 이를 철저히 보완해야 한다."

왕건은 어느 때보다 진지한 표정으로 말을 이었다.

"우리가 전투에서 진 원인은 우선 견훤의 군사들이 어떻게 움직일지 잘못 예측했기 때문이다. 만약 견훤의 전략을 알아챘다면, 이렇게 손도 못 써 보고 당하지는 않았을 것이다."

"폐하, 하지만 전쟁에서 상대편의 전략을 완벽히 읽을 수는 없습니다."

"맞는 말이다. 적의 움직임을 정확히 파악하고 탁월한 전략을 세우는 것만으로 전쟁에서 이길 수는 없지. 언젠가 또 견훤과 전쟁을 하게 될 텐데, 그때 우리가 반드시 이기려면 어떻게 하는 것이 좋겠는가?"

왕건과 신하들은 머리를 맞대고 고민했다. 그때 한 신하가 말했다.

"폐하, 고려는 다른 나라들과 결정적으로 다른 점이 있사옵니다."

"그게 무엇이냐?"

"고려는 다른 나라의 백성들을 차별 없이 받아들이고 어떤 지역을 차지해도 그 지역의 사람들을 괴롭히지 않기에, 호족들과 백성들이 고려를 좋아한다는 것입니다."

신하의 말을 듣고 왕건은 생각에 잠겼다. 그동안 정복한 지역의 백성들을 못살게 굴지 않고 기꺼이 받아들였던 고려였다. 이러한 왕건의 정책은 각 지역의 백성들에게 고려에 대한 좋은 마음을 갖게 만들기에 충분했다. 왕건은 이렇게 계속해서 사람들의 마음을 얻는다면 훗날 분명 고려에 도움이 될 거라는 생각이 들었다.

왕건이 신하들에게 말했다.

"고려는 지금처럼 늘 호족들과 백성들을 먼저 생각하며 다스린다. 정복한 지역의 백성들도 괴롭히지 말고 진심으로 잘 대해 주도록 하여라."

이렇게 왕건은 군사들을 열심히 훈련시키고 전략을 세우는 한편, 호족들을 존중하고 백성들을 아끼는 정치를 더욱 적극적으로 펴 나갔다.

왕건이 공산 전투에서 패한 지 3년이 되었을 무렵이었다. 어느 날 왕건의 신하들이 다급하게 외쳤다.

"폐하! 긴급 상황입니다. 지금 견훤이 군사들을 데리고 고창으로 향하고 있다고 합니다."

"뭐라? 고창은 반드시 지켜야 한다! 어서 고창으로 출발하라!"

고창은 신라와 가까운 지역으로, 예전부터 이 지역을 차지하는 나라가 신라를 압박하며 신라를 정복할 수 있다고 여겨지는 곳이었다. 따라서 고창과 그 일대 지역은 견훤과 왕건 모두에게 중요했다. 왕건에게 고창은 고려와 신라를 잇는 중요한 교통로였고, 후삼국을 통일하고 싶어 하는 견훤에게 고창은 반드시 차지해야 하는 곳이었다.

이렇게 중요한 고창을 향해 견훤이 직접 수천 명의 군대를 이끌고 움직인다니, 고려는 긴장할 수밖에 없었다. 왕건은 서둘러 군사들과 함께 고창으로 향했다.

한편 고창에 살던 사람들은 이 소식을 듣고 겁에 질렸다. 자신이 살고 있는 곳이 곧 전쟁터가 될 거라 생각하니 무서워서 어쩔 줄 몰랐다. 게다가 더욱 무서운 소문은 견훤이 전쟁에서 이기면 정복한 지역을 매섭게 약탈하고, 그 지역에 살던 사람들을 포로로 잡아간다는 것이었다.

가만히 있을 수 없던 고창의 호족들이 한데 모여 회의를 시작했다.

"이 땅에서 후백제와 고려의 전쟁은 피할 수 없을 것 같소."

"이 땅에서 전쟁이 벌어지면 누가 이기든 어차피 우리는 이긴 쪽에게 이 땅을 내주어야 할 것이오."

"우리가 어떻게 해야 고창 백성들의 피해를 줄일 수 있겠소?"

"견훤이 금성을 차지하고 그 지역에서 얼마나 난폭하게 굴었는지 소문이 파다하지 않습니까. 어차피 땅을 내주어야 한다면 고려 편에 서는 게 낫지 않겠소?"

"맞소. 왕건은 자신에게 온 호족들과 백성들을 소중히 대한다고 소문이 자자하니, 고려가 이길 수 있도록 돕는 것이 좋겠소!"

고창 지역의 호족들은 각자의 군사들을 이끌고 왕건에게 찾아와 무릎을 꿇었다.

"폐하, 오늘 드릴 말씀이 있어 이렇게 찾아왔습니다. 저희는 진정으로 폐하의 사람이 되길 희망합니다. 저희가 고려군에게 군사를 빌려드리고 전투에 필요한 음식도 준비해 드리겠습니다."

"아니, 이렇게 기쁜 일이! 나를 믿고 찾아와 주어 정말 고맙소. 전투에서 이기게 된다면 전부 자네들 덕이오. 그대들이 앞으로도 편하고 풍족하게 살도록 내가 돕겠소이다."

호족들의 도움 덕분에 고려군은 고창 지역에 대한 자세한 정보와 든든한 군대를 얻을 수 있었다. 왕건은 가장 먼저 후백제 군사들의 식량을 나르는 길목을 막았다. 식량이 끊겼다는 소식을 들은 견훤은 매우 당황했다. 병사들이 밥을 먹지 못하면 힘을 내서 싸울 수가 없으므로 전쟁에서 식량은 매우 중요했다. 그런데 병사들이 굶주리게 생긴 것이다.

"식량이 없으면 우리 병사들이 어떻게 싸운단 말이냐?"

"죄송합니다, 폐하. 저희도 예상치 못했습니다. 왕건이 이 지역의 지형을 너무 잘 알고 있어서 저희가 어쩔 도리 없이 당했습니다."

견훤이 불안한 눈빛으로 나직이 말했다.

"이 전투는 하루 이틀 안에 끝나지 않으면 우리가 크게 질 것이다."

견훤의 불길한 예감은 현실이 되었다. 밥을 먹지 못한 견훤의 군사들은 하루가 다르게 급격히 약해졌다. 고려는 전쟁이 시작된 지 얼마 안 돼서 후백제군을 완전히 무찔렀다. 마침내 고려가 크게 승리한 것이다. 이 전투가 바로 고창에서 일어난 고창 전투이다. 이 전투로 견훤은 8000명에 가까운 군사들을 잃었다. 견훤도 목숨을 겨우 건져 간신히 자기 나라로 돌아갈 만큼, 후백제가 크게 진 전투였다. 견훤이 고창 전투에서 지면서 후백제는 한반도에서 세력을 크게 잃고 말았다.

한편 고려는 고창을 지키며 승리의 기쁨에 취했다. 병사들은 3년 전 공산 전투의 설움을 씻어 내기라도 하듯 크게 외쳤다.

"왕건 폐하 만세!"

왕건은 승리의 공을 군사들에게 돌렸다.

"하하. 전투에서 이긴 것은 그대들 덕분이네."

그리고 왕건은 무엇보다 전쟁의 숨은 주인공인 호족들을 기억했다.

"고창의 호족들이 우리 편이 되어 준 것이 큰 힘이 되었네. 내 이 은혜를 잊지 않고 호족들이 평화롭게 이 지역을 다스릴 수 있도록 힘을 다해 도우리다."

고창 전투의 소문은 빠르게 퍼졌다. 왕건이 정복한 지역을 인자하게 다스린다는 소문이었다. 이 소식을 들은 다른 지역의 많은 호족들이 왕건에게 스스로 와서 자신의 땅을 바치고 고려의 사람이 되었다.

호족들뿐만 아니라 이웃 나라인 신라의 경순왕도 왕건에게 축하의 뜻을 전했다. 신라의 왕과 백성들도 후백제보다는 고려에 더 좋은 인상을 가지고 있었던 것이다.

이처럼 왕건은 고창 전투에서 큰 승리를 거두면서 한반도 안에서 고려의 세력을 엄청나게 키울 수 있었다. 이 승리는 단순히 전략과 무력으로만 이룬 것이 아니었다. 사람들이 스스로 마음을 움직여 왕건의 편이 되어 준 덕도 컸다. 한반도에 살고 있는 사람들의 마음이 이렇게 점점, 왕건에게로 모아지고 있었다.

6장
넓은 마음으로 원수를 끌어안아

어느 날 고려에 한 소식이 전해졌다.
"폐하, 견훤이 절에 갇혀 있다고 합니다."
"견훤이 갇히다니 무슨 말인가?"
"견훤의 아들이 반란을 일으켜 스스로 왕위에 오르고 아버지를 절에 가두었다고 합니다."

이 소식을 들은 왕건은 깜짝 놀랐다. 아무리 적이라지만 아들에게 배반을 당한 견훤이 딱하게 느껴졌다. 그리고 이내 속으로 침착하게 생각했다.

'이제 견훤이 우리 편이 될지도 모르겠구나……'

견훤에게는 아들이 여럿 있었다. 이제 나이가 많이 들어 후계자를 정해야 하는 견훤은 깊은 고민에 빠졌다. 원래대로라면 첫째 아들 신검에게 왕위를 물려주어야 하지만 신검은 포악한 성질 때문에 왕이 될 만한 그릇으로 보이지 않았다. 견훤은 오히려 현명하고 지혜로운 넷째 아들 금강이 왕의 자질을 더 많이 갖추었다고 믿었다.

견훤의 이런 마음을 알아챈 견훤의 아들들은 왕위 계승을 두고 신경을 날카롭게 곤두세웠다. 신검은 물론이고 나라를 위해 줄곧 전투에 참여했던 둘째 아들 양검, 셋째 아들 용검도 견훤에게 불만을 품었다.

"우리가 전투에 가장 많이 참여하며 이 나라를 지금까지 지켜 왔는데, 어떻게 새파랗게 어린 금강이 왕위에 오를 수 있단 말입니까!"

급기야 신검과 형제들은 금강을 죽이더니 몇몇 장수들과 힘을 모아 견훤을 공격했다.

"왕께서는 이제 늙으시어 나랏일과 전쟁에서 예전 같은 훌륭한 모습을 잃으셨습니다. 그래서 이제 맏아들 신검이 왕위를 물려받아 이 나라를 다스리려 합니다."

견훤은 아들의 말에 기가 차서 말문이 막혔다. 하지만 견훤이 화를 낼 새도 없이, 곧 수많은 병사들이 견훤을 끌고 갔다. 견훤이 끌려간 곳은 '금산사'라는 절이었다. 금산사에 갇힌 견훤은 하늘을 올려다보며 분노에 차서 깊은 한숨을 쉬었다. 자신이 세운 나라에서 다른 사람도 아닌 아들들에게 배신을 당한 심정은 차마 말로 다할 수 없을 정도로 슬프고 끔찍했다.

견훤은 고민 끝에 여기서 벗어나려면 왕건에게 가는 수밖에 없다고 생각했다. 왕건과는 오랫동안 목숨을 걸고 수많은 전쟁들을 치른 사이였다. 긴 시간을 적으로 만났지만, 견훤은 왕건이 어떤 사람인지 충분히 보고 들

어 잘 알고 있었다. 견훤은 왕건이 다른 지역의 호족들을 너그러이 받아 준 것처럼 자신도 따뜻하게 받아 줄 거라 생각했다. 그래서 견훤은 몰래 왕건에게 사람을 보내, 이제 고려의 사람이 되길 원한다는 마음을 전했다. 그리고 비밀스럽게 금산사를 탈출해 고려로 향했다.

왕건은 견훤의 뜻을 전해 듣고 기뻐했다.

"견훤은 비록 지금까지는 나의 적이었지만, 한 사람으로 보았을 때는 본받을 점이 많은 훌륭한 어른이다. 반가운 손님을 마중 나가야겠다."

견훤은 고려 땅에 들어서는 순간, 아들들에게 벗어났다는 마음에 비로소 마음을 놓으면서도 한편으로는 불안했다. 고려와 여러 전투에서 싸우고 고려의 수많은 병사들을 죽였던 자신이었기에, 왕건에게 죽임을 당해도 전혀 이상한 일이 아니었다.

그런데 왕건은 견훤을 보자마자 급히 뛰어나왔다.

"**상부 어른**, 오셨나이까?"

견훤의 눈을 바라보며 따뜻한 목소리로 왕건이 말했다. 용맹하고 씩씩하다고 소문난 견훤의 눈가가 촉촉해졌다.

"폐하……."

> **상부 어른**
> 자기보다 벼슬이나 지위가 높은 사람을 존경을 담아 부르는 말.

"상부 어른, 잘 오셨습니다. 저보다 열 살이 많으시니, 저에게 어른이십니다."

왕건은 이전에 견훤의 공격으로 가장 아끼는 신하들을 잃었지만, 과거를 모두 용서하고 견훤을 받아들였다. 왕건은 견훤에게 높은 벼슬을 내리고 많은 보물과 땅을 주어 편히 지낼 수 있도록 배려했다.

"폐하……. 정말 고맙습니다."

견훤은 왕건의 따뜻하고 넓은 마음에 감동했고, 가장 큰 적이었던 자신을 '상부 어른'이라고 부르며 존중하는 인품에 매우 놀랐다. 견훤은 이제까지는 왕건이 피할 수 없는 적이었지만 앞으로는 왕건에게 마음을 열고 왕건 편에서 살겠다고 다짐했다.

견훤이 왕건에게 스스로 찾아가 복종하고 왕건이 견훤을 따뜻하게 받아들였다는 소문은 날개 돋친 듯 빠르게 퍼졌다. 후백제와 고려에는 물론 신라에도 그 소식이 전해졌다.

나라가 힘을 잃어 나아갈 바를 알지 못했던 신라의 경순왕은 이 소식을 듣고 마음이 흔들렸다. 경순왕은 애초에 견훤이 세운 왕이었다. 신라의 왕까지 마음대로 세우며 승승장구했던 견훤이 아들들에게 배반당해 왕건에게 **귀순**하고, 왕건은 그런 견훤을 따스하게 맞았다는 소식은 놀라움의 연속이었다. 경순왕은 굳은 다짐을 한 듯, 아들인 태자에게 말했다.

"신라의 백성들을 위해 더 이상의 전쟁은 없어야 한다. 계속된 전쟁으로 백성들은 이미 너무도 지쳤다. 견훤이 신라에 쳐들어와 백성들을 죽이고 식량과 재물을 **빼앗았지만**, 고려는 지금껏 신라 사람들을 괴롭히지 않았다.

고려는 신라와 좋은 관계를 맞으며 신라가 도움이 필요한 때면 나서서 도와주었다. 고려의 왕건은 그런 분이다. 우리 백성들은 다 망해 가는 신라의 백성이기보다는 번영하는 고려의 백성이기를 바랄 것이다."

태자는 경순왕의 말에 깜짝 놀랐다.

"하지만 아버지, 아무리 힘들고 어려워도 나라를 지키는 것이 한 나라의 왕이자 백성의 도리입니다!"

"마음은 아프지만 지금의 신라는 고려를 이겨서 과거의 위대한 영광을 다시 불러올 수 없다. 무엇보다 나라를 지킨다는 이유로 전쟁을 허락해 백성들이 다친다면, 과연 누구를 위한 결정이란 말이냐? 너의 안타까움과 슬픔은 나도 안다. 하지만 고려의 왕건이라면 우리 백성들을 따뜻하게 품어 주시고 더 잘 이끌어 주실 것이다. 그것이 진정으로 신라의 백성들을 위하는 길이니라."

태자는 울음을 참느라 얼굴이 붉어지고 핏줄이 돋았다.

1000년 가까이 역사를 이어 온 신라를 고려에 바치기로 결정한 뒤, 경순왕은 고려에 **국서**를 보냈다. 그리고 마침내 신라의 경순왕이 고려에 도

귀순
적이었던 사람이 반항심을 버리고 스스로 돌아서서 복종하거나 순종함.

국서
국가의 왕이나 우두머리가 국가의 이름으로 보내는 외교 문서.

착했다.

왕건은 최고의 예를 갖추어 경순왕을 맞았고, 자신의 딸을 경순왕과 결혼하게 했다. 경순왕과 가족의 연을 맺음으로써 경순왕에게 고려의 왕실을 가족처럼 편히 생각하라는 깊은 뜻을 전한 것이다.

경순왕이 조용히 왕건에게 말했다.

"신라가 여러 해 동안 위태로움과 어지러움을 겪으면서 그 운이 이미 다하였으니, 다시 예전의 신라처럼 번영하기는 어려울 듯합니다. 이에 폐하께서 신라를 품어 주시길 원하오며, 저는 신하의 예를 갖추어 폐하를 뵙길 바랍니다."

신라를 고스란히 고려에 바치고, 경순왕은 왕의 자리에서 내려와 왕건의 신하가 되겠다는 뜻이었다. 왕건은 경순왕을 말렸다.

"제가 신라에 예를 갖추어 대한 까닭은 단지 두 나라가 사이좋게 지내기를 바랐기 때문입니다. 저는 신라의 역사가 계속 이어지기를 바랍니다. 부디 말씀을 거두시옵소서."

그러나 경순왕은 뜻을 굽히지 않았다. 이미 마음을 굳힌 듯 보였다. 고려의 신하들이 왕건에게 말했다.

"폐하, 하늘에는 두 개의 태양이 있을 수 없듯이 땅 위에는 두 명의 왕이 있을 수 없습니다. 계속 경순왕의 부탁을 외면하시면 백성들이 더욱 혼란스러울 것입니다. 이제 경순왕의 부탁을 받아들이소서."

왕건은 결국 경순왕의 뜻을 받아들였다. 그리고 예를 갖추어 경순왕에게 말했다.

"좋은 집과 넓은 땅을 드릴 테니 편안히 지내십시오. 또한 왕과 함께 고려로 온 신라의 관리들과 장군들에게도 모두 관직을 줄 테이니 함께 온 신하들이 고려에서 잘 지낼 수 있을 것입니다. 신라 백성들을 고려 백성들과 차별 없이 대할 것이니 걱정하지 마옵소서. 이제 고려와 신라는 한 나라입니다."

왕건은 경순왕에게 신라의 수도였던 금성을 다스리도록 하고, 많은 보물과 땅을 주었다. 또한 신라 왕족의 딸과 혼인을 함으로써 가족의 인연을 맺어 신라 왕실을 존중하는 태도를 보였다.

한편 고려에 나라를 바치는 것을 끝까지 반대하던 신라의 왕자, 태자는 소리를 높여 슬피 울었다. 그러고는 경순왕에게 영원한 작별의 인사를 건넨 뒤, 산에 들어가 나라를 잃은 슬픔을 달래며 남은 생을 보냈다.

이로써 고려는 어떤 전쟁도 치르지 않고 신라와 평화적으로 통일을 이루게 되었다. 이제 남은 것은 신검이 다스리는 후백제였다. 고려가 후백제를 차지하는 것은 어렵지 않았다. 견훤이 고려의 편이 되었기 때문이다. 게다가 견훤이 고려로 귀순했다는 소식을 들은 후백제의 장수들이 이미 차례로 고려로 넘어오고 있었다.

얼마 뒤, 왕건은 견훤과 함께 후백제로 향했다. 시대의 두 영웅이 힘을 합치니 신검이 이끄는 후백제군은 힘없이 무너졌다. 고려는 신검과의 전투에서 크게 이기고 후백제를 정복했다.

이로써 고려의 왕건은 신라에 이어 후백제까지 흡수하며 후삼국의 통일을 이루었다. 신라가 고구려와 백제를 통일한 이후에 한반도에 다시 통일

국가가 탄생한 것이다.

　　남다른 인품으로 견훤을 끌어안고 경순왕을 존중한 왕건. 그의 훌륭한 인품 덕분에 고려는 다른 나라의 도움을 받지 않고 스스로의 힘으로 세 나라를 통일할 수 있었다.

후삼국 통일의 의의

936년, 고려의 왕건은 후삼국을 통일함으로써 신라가 삼국을 통일했던 676년 이후 260년 만에 삼국 통일을 다시 이루었다. 고려의 후삼국 통일은 역사적으로 특별한 의미가 있다.

외세의 힘을 빌리지 않은 자주적인 민족 통일

신라는 삼국을 통일하는 과정에서 당나라와 함께 '나당 연합군'을 만들어 백제와 고구려를 차례로 멸망시켰다. 이처럼 신라는 당나라의 도움을 받았기에, 신라의 삼국 통일은 우리 민족만의 힘으로 이룬 통일이라고 말할 수는 없었다. 그러나 고려는 통일 과정에서 어떠한 외세의 힘도 빌리지 않았다. 고려의 후삼국 통일은 우리 민족이 스스로 이룬 자주적인 통일이었다.

진정한 민족 대화합을 이룬 통일

신라의 삼국 통일은 대동강 이북의 고구려 땅 대부분을 잃고 고구려 유민들을 받아들이지 못했다는 한계가 있었다. 하지만 고려는 발해 영토의 일부를 회복하고 발해 유민을 적극적으로 받아들여, 옛 고구려 땅과 옛 고구려 사람들을 포용했다. 고려는 후백제와 신라를 통합할 뿐만 아니라 고구려인의 후손인 발해인까지 받아들여 실질적인 민족 통일을 완성한 것이다.

고려는 통일을 이룬 뒤에도 후백제와 신라 그리고 발해에서 온 사람들을 차별하지 않고, 모두가 하나라는 민족의식을 가질 수 있도록 노력했다. 즉 고려의 후삼국 통일은 영토의 통합을 넘어선 진정한 의미의 민족 대화합이었으며, 단일 민족 국가의 기틀을 마련하는 계기가 되었다.

지방 세력들을 포용하며 세워진 나라

신라는 중앙 귀족들이 세우고 권력을 독차지하던 나라였다. 하지만 고려는 지방 세력 출신의 왕건이 지방에서 성장한 다른 호족들을 흡수하며 세운 나라였다. 나라를 세운 뒤에도 왕건은 지방의 호족들을 중심으로 한 정치를 펼쳤으며, 힘없는 백성들이 편하게 살 수 있도록 여러 가지 정책들을 마련했다. 고려는 중앙 귀족들만이 아닌, 지방 세력들까지 포용한 나라였던 것이다.

개방적이고 다양한 민족 문화의 탄생

고려는 후백제와 신라의 문화와 발해의 옛 고구려 문화를 모두 열린 마음으로 받아들여 존중했다. 그 결과, 용맹하고 씩씩한 고구려의 문화, 부드럽고 온화한 백제의 문화, 화려하고 세련된 신라의 문화가 모두 어울리며 고려만의 개방적이고 다양성이 돋보이는 새로운 민족 문화가 탄생할 수 있었다.

후삼국 통일을 기념하여 세운 개태사의 석조 여래 삼존 입상

7장
고구려의 얼을 이어받아

왕건이 나라의 이름을 '고려'라고 정한 이유는 특별했다. 궁예가 후고구려를 세웠을 때 그랬던 것처럼, 고구려를 계승하겠다는 의지를 담은 것이었다.

그런데 고구려를 계승한 나라는 또 있었다. 바로 발해였다. 왕건은 고구려인의 후손이 세운 나라, 발해에 특별한 감정을 느꼈다. 왕건은 고려와 발해가 모두 고구려인의 후손이니 서로 친척뻘이라고 생각하고, 발해와 늘 좋은 외교 관계를 가졌다.

그런데 발해에게는 영원한 적이 있었다. 바로 발해와 국경선을 맞대고 있던 민족, 거란이었다. 거란은 발해와 크고 작은 다툼을 계속해서 벌이면서도 고려와는 좋은 외교 관계를 만들고 싶어 했다. 그래서 거란은 왕건이 고려를 세웠을 때 낙타를 선물로 보내, 두 나라가 서로 의좋게 지내자는 뜻을 전달했다.

그러던 어느 날, 고려의 신하들이 왕건에게 다급히 말했다.

"폐하, 거란의 움직임이 심상치 않습니다."

"무슨 일이냐?"

"거란에서 많은 병사들이 발해로 향하고 있다고 하옵니다."

"뭐라? 세력이 강해진 거란이 전쟁을 일으킨다면 발해가 이길 수 없을 텐데……. 우리 고려가 발해를 도와야 한다."

"분부 받들겠사옵니다."

왕건의 불길한 예감은 그대로 들어맞았다. 고려가 도울 새도 없이 거란이 금세 발해를 정복해 버린 것이다. 발해의 멸망 소식을 들은 왕건은 크게 분노하며 슬퍼했다.

"우리 형제의 나라 발해를 멸망시킨 거란은 이제 우리의 적이다! 앞으로는 거란과의 모든 관계를 끊도록 하겠다."

왕건은 단호했다. 발해는 고려와 함께 고구려의 얼을 이어 가던 나라였기에, 발해의 멸망은 왕건에게 마치 가족을 잃은 것 같은 충격으로 다가왔던 것이다.

한편 거란의 군대를 피해 이리저리 쫓기다가 멀리 도망친 발해 사람들은 아무 데도 갈 곳이 없었다. 난폭한 거란의 군대를 피해 가까스로 목숨은 구했으나 앞으로 어디로 가서 어떻게 살아야 할지 미래가 보이지 않아 막막했다.

거란을 피해 도망친 발해 **유민**들 가운데는 발해의 왕자였던 대광현이 있었다. 대광현은 점점 지쳐 가는 발해의 백성들을 보고 마음이 찢기는 듯했다. 그리고 발해 백성들을 위한 단 하나의 길을 떠올렸다. 바로 남다른 포용력으로 이웃 나라들까지 따스하게 품어 주는 고려의 왕, 왕건에게로 가는 것이었다.

대광현은 발해 유민들을 이끌고 고려로 향했다. 그리고 왕건에게 진심을 다해 부탁했다.

"폐하, 저와 우리 백성들을 고려에서 받아 주시길 청하옵니다."

나라를 잃은 왕자의 모습은 참으로 비참했다. 왕건은 아픈 마음으로 대광현을 바라보며 따뜻하게 말했다.

"여기까지 오느라 정말 고생이 많았소. 본디 발해와 고려는 같은 고구려인의 핏줄 아니겠소. 우리는 하나의 민족이니 고려에서 편히 지내시길 바라오. 그대에게 '왕'이라는 성과 '계'라는 이름을 내리겠소. 앞으로 그대는 왕씨 성을 가진 우리 가족이오. 그대와 같이 온 신하들에게도 벼슬을 내릴 테니 고려에서 편히 살도록 하시오. 더불어 발해 백성들도 고려에서 아무런 차별 없이 고려인으로 살아갈 수 있도록 살피겠소이다."

왕건이 대광현에게 왕씨 성을 내린 것은 그를 고려 왕실의 가족으로 맞겠다는 깊은 뜻이었다. 뿐만 아니라 왕건은 대광현이 조상에게 제사를 지내는 것을 허락했다. 비록 발해라는 나라는 멸망했지만 발해 왕조의 제사가 끊어지지 않도록 세심하게 배려한 것이다. 대광현과 발해 백성들은 이런 왕건에게 깊은 고마움을 갖게 되었다.

발해를 받아들인 왕건은 거란에 대해서 굽히지 않는 외교 정책을 취했다. 거란이 고구려의 얼을 잇는 발해를 멸망시켰기에 고려와 거란은 결코 친하게 지낼 수 없다고 생각한 것이다.

또한 왕건은 고구려의 영토를 회복하기 위해 노력했다. 고구려의 후손인 고려가 당연히 옛 고구려의 땅을 회복해야 한다고 생각했다.

'고려는 반드시 고구려가 차지했던 압록강 일대의 땅을 되찾아야 한다.'

하지만 발해가 멸망하면서 압록강 일대의 땅은 대부분 거란에게 빼앗긴 상태였다. 한반도 북쪽 지역을 차지한 거란은 포로가 된 발해 백성들의 재물을 빼앗으며 난폭하게 굴고 있었다.

'옛 고구려의 영토에서 애꿎은 백성들이 괴롭힘을 받고 있다니……. 가만히 있을 수 없다.'

마음이 아팠던 왕건은 옛 고구려 땅을 회복하기 위한 계획을 본격적으로 펼치기 시작했다. 가장 먼저 옛 고구려의 수도였던 평양을 '서경'이라고 이름 짓고, 이곳을 고려가 북쪽으로 진출할 주요한 장소로 삼았다.

"서경은 고려의 수도인 개경과 더불어 앞으로 중요한 곳이 될 것이다. 서경에 고려의 많은 백성들을 이주시켜서 그 지역이 번성하게 하여라. 우

> 유민
> 일정하게 자리를 잡고 살 장소 없이 이리저리 떠돌아다니는 백성.

리 고려는 서경을 중심으로 하여 압록강 일대의 옛 고구려 땅을 점차 회복해 나갈 것이다."

왕건은 아주 단호한 목소리로 덧붙여 말했다.

"또한 거란에 고통받는 백성들이 더욱더 안전하게 살 수 있도록 내가 특별히 보살필 것이다."

왕건은 서경에 자주 방문하여 백성들의 삶을 돌보고, 북쪽으로 영토를 넓히기 위해 필요한 군사력을 다졌다. 또한 서경에 많은 귀족들을 이주시켜 서경이 더욱 발전하도록 하였으며, 성을 쌓아 외부의 공격을 막을 수 있도록 했다. 서경에 학교를 세워 우수한 인재를 키우는 것도 잊지 않았다. 왕건의 이러한 노력으로 서경은 고려 제2의 수도로 발전하고 있었다.

이렇게 왕건이 잃어버린 고구려의 땅을 회복하고자 차근차근 노력하던 어느 날이었다.

"폐하, 거란에서 **사신**이 도착했습니다."

"발해를 멸망시킨 거란 말이냐? 괘씸한지고!"

발해가 거란에 멸망당한 지 10년도 훌쩍 지난 뒤였지만, 왕건은 아직도 거란을 용서하지 않고 있었다.

그러나 거란은 고려와 친하게 지내고 싶어 했다. 거란과 고려의 영토가 맞닿은 지역에서는 어쩔 수 없이 작은 전쟁을 벌였지만, 거란은 정치적으로나 경제적으로 고려와 친하게 지내면 좋을 것 같다고 여겼다. 그래서 고려와 외교 관계를 회복하려고 애썼다.

거란의 사신이 왕건에게 말했다.

"폐하, 우리 거란의 황제가 낙타 50마리를 보내어 고려와의 옛 우정을 되살리고자 합니다. 고려가 처음 세워졌을 때 거란이 낙타를 보내어 좋은 외교 관계를 맺고자 했던 것을 기억하소서. 고려와 거란은 예로부터 사이가 좋았습니다. 부디 우리 황제의 청을 받아 주시옵소서."

왕건은 거칠고 무시무시한 눈빛으로 거란의 사신을 쳐다봤다.

"거란이 이전에 고려와 좋은 관계를 맺었던 것은 맞다. 하지만 일찍이 고려와 발해는 피를 나눈 가족의 나라였다. 고려는 고구려인의 후손으로서, 우리의 형제 나라인 발해를 멸망시킨 나라와는 절대로 사이 좋게 지낼 수 없다."

그러고는 명령했다.

"여봐라, 이 사신들을 전부 외딴섬으로 **유배** 보내고, 낙타는 다리 아래에 매어 두도록 하여라."

왕건은 거란의 사신 30명을 모두 섬으로 유배 보냈다. 또 낙타를 '만부교'라는 다리에 매어 둔 채 밥을 주지 않아, 결국 낙타는 모두 굶어 죽었다.

사신
임금이나 나라의 명령을 받고 어떤 뜻을 전하거나 일을 하기 위해 외국에 파견되어 가는 사람.

유배
죄인을 먼 시골이나 섬으로 보내 일정한 기간 동안 그곳에서만 살게 하는 형벌.

세력을 뻗쳐 힘을 키우고 있는 거란이었지만, 왕건은 이러한 결정에 조금도 망설임이 없었다. 왕건이 이토록 단호한 결정을 할 수 있던 힘은 바로 고구려의 얼을 잇겠다는 강한 의지에서 비롯된 것이었다.

고구려의 후손, 발해

발해의 탄생

신라는 당나라와 '나당 연합군'을 만들어 고구려와 백제를 멸망시켰다. 그러나 이후에 당나라가 한반도를 직접 지배하려고 하자 신라는 당나라와 전쟁을 벌였다. 결국 신라가 대동강 이남 땅에서 당나라를 몰아내며 삼국을 통일하고, 대동강 이북의 옛 고구려 땅은 당나라가 다스리게 되었다.

한편 당나라의 지배를 받게 된 옛 고구려 백성들은 당나라에 거세게 저항했다. 그러자 당나라는 고구려 백성들이 뭉치는 것을 막기 위해 고구려인들을 당나라 땅 이곳저곳으로 강제로 이주시켰다. 고구려 백성들은 특히 영주라는 곳에 많이 끌려가 말갈족, 거란족과 함께 살게 되었다.

그러던 가운데, 거란족이 당나라에 반란을 일으켰다. 그리고 당나라가 거란을 진압하던 틈을 타, 영주에 살고 있던 옛 고구려의 장수 대조영이 들고일어났다. 대조영은 고구려가 망한 지 30년 만인 698년, 고구려 유민들 그리고 말갈족과 함께 당나라에 맞서서 새 나라 '진국'을 세우고 이후에 '발해'로 나라 이름을 바꾸었다.

발해의 성장

발해가 세워지자 옛 고구려 사람들이 몰려들었다. 고구려 출신의 사람들이 지배층을 이루고 말갈족을 다스리며 나라가 점점 커 나갔다. 발해는 당나라가 '바다 동쪽의 융성한 나라'라는 뜻의 '해동성국'이라고 부를 만큼 문화가 풍성하고 힘이 강한 나라로 성장했다. 특히 당나라, 신라, 거란, 일본 등 여러 나라와 무역하여 경제를 발전시키고 문화를 꽃피웠으며 옛 고구려의 영토를 대부분 회복하고 더 넓은 영토까지 차지했다.

발해의 멸망

발해는 9세기 말에 귀족들 사이에서 권력 다툼이 벌어져 나라의 힘이 크게 약해졌다. 당나라가 멸망하고 나서 힘을 키우던 거란이 이 틈을 타 발해를 침략했고, 결국 926년에 발해는 멸망하고 말았다.

발해가 우리 역사인 증거

중국은 발해를 중국의 지방 정권으로 보고 중국 역사라 주장하고 있다. 그러나 발해가 고구려를 계승한 우리 역사인 증거들은 다음과 같다.

첫째, 발해는 고구려인인 대조영이 세운 나라였으며, 발해의 지배층과 귀족층은 대부분 고구려인이었다.

둘째, 발해가 일본에 보낸 외교 문서를 보면 발해의 무왕이 '우리는 고려(고구려)의 옛 땅을 회복하고 부여의 전통을 이어받았다'고 밝히고 있으며, 당나라의 역사서인 《구당서》와 일본의 역사서인 《유취국사》의 기록에서도 발해가 고구려를 계승했음을 알 수 있다.

셋째, 발해의 기와, 벽돌, 수막새, 불상, 무덤 등의 유물은 고구려 유물과 비슷한 점이 많아 발해가 고구려의 영향을 받았음을 알 수 있다. 특히 발해의 유적지에서 발견된 온돌은 고구려의 온돌과 비슷해, 발해가 고구려의 전통을 계승했음을 보여 준다.

고구려 수막새

발해 수막새

8장
무엇으로 백성들의 마음을 모을 것인가

고려는 발해의 백성들을 받아들이고 후삼국을 통일했지만 초기에는 안정적이지 못했다. 무엇보다 출신이 다양한 백성들을 한뜻으로 모으기에는 어려움이 많았다. 왕건은 누구보다 이 문제를 잘 알고 있었다.

'백성들을 고려라는 이름 아래 하나로 모을 방법이 필요하다. 땅덩이는 하나가 되었지만 백성들의 마음이 흩어져 있다면 진정한 한 나라라고 할 수 없지. 어떻게 하면 좋을까……'

왕건은 신하들과 함께 논의하기 위해 원래부터 고려의 신하였던 사람들은 물론 새로 관리가 된 다른 나라 출신의 신하들까지 모두 한자리에 불러 모았다.

"부족한 내가 여러분의 덕을 입어 통일이라는 큰일을 이루었소. 이제 고려를 편안하게 다스려야 할 터인데, 내가 보기에는 여러 나라 출신의 백성들이 아직 한뜻을 품지 못하는 듯 보이오. 이에 대한 여러분의 생각이 어떠한지 듣고 싶소."

왕건의 말을 듣고 한 신하가 입을 열었다.

"고려는 다른 나라 출신의 사람들을 차별하지 않기 때문에 다행히도 백성들이 고려 왕실을 매우 믿으며 따르고 있습니다. 그러나 아직도 마음속에서는 출신 나라를 벗어나지 못해 많은 백성들이 스스로를 고려인이라고 여기지는 못하는 것 같습니다."

다른 신하가 말을 이었다.

"모든 백성들이 고려인이라는 하나의 마음을 품지 못한다면, 백성들이 출신 나라에 따라 나뉘어 고려의 발전을 막을 것입니다."

왕건이 대답했다.

"나 또한 바로 그 점이 걱정스럽소. 그럼 모든 백성의 마음을 하나로 모을 방법이 있겠소?"

왕건의 물음에 신하들은 쉽게 대답하지 못했다. 사람의 마음을 움직이는 일은 억지로 되지 않기에 뾰족한 수가 생각나지 않았다. 쉽게 말을 잇지 못하기는 왕건 또한 마찬가지였다. 백성들의 마음을 움직이는 일은 지금껏 다른 나라와 전쟁을 하고 영토를 차지했던 일들보다 더 어렵게 느껴졌다. 누군가 억지로 힘을 써서 백성들의 마음을 움직인다 한들 그것이 진정한 의미의 해결책은 아니라는 것을 왕건과 신하들은 잘 알고 있었다.

신하들이 물러간 뒤 왕건은 고민을 멈추지 않았다.

'고려가 세워지고 세 나라를 통일하는 과정에서 부처님의 가르침이 큰 도움이 되었다. 부처님의 말씀을 백성들에게 널리 전한다면, 모든 백성들이 자연스레 한마음을 품을 수 있을 것이다!'

왕건이 신하들을 모아 놓고 말했다.

"역사를 살펴보면 고려 이전의 여러 나라들이 불교를 적극적으로 받아들여 나라를 안정적으로 이끌었소. 이에 고려도 부처님의 말씀에 의지하여 백성들을 다스리고, 부처님의 말씀을 널리 전하고자 하오."

신하들은 왕건의 말에 찬성했다.

"폐하, 좋은 생각이십니다. 백성들이 부처님의 말씀으로 위로를 얻는다면 전쟁으로 힘들었던 지난날의 상처가 회복되고 편한 마음을 가질 수 있을 것입니다."

"같은 믿음을 갖는 백성들이 많아질수록 이 나라는 안정이 되고 진정한 하나가 될 수 있을 것입니다."

왕건은 불교가 고려 백성들 속에 잘 자리 잡을 수 있도록 여러 가지 정책을 펼쳤다. 우선 고려 곳곳에 많은 절을 지어 백성들이 언제든지 절을 편히 찾을 수 있도록 했다. 왕건이 세운 절 가운데 가장 대표적인 것은 후삼국의 통일을 기념하여 충청도 논산에 세운 개태사였다. 개태사는 3000명의 승려가 머물 수 있을 정도로 아주 큰 사찰이었는데, 점점 백성들이 모여서 기도하는 곳으로 자리를 잡아 그 위상이 높아졌다. 이 밖에도 왕건은 자운사, 법왕사, 신흥사, 문수사, 영통사 등 많은 사찰을 세우기 시작했다. 그리고 매년 **무차 대회**를 열어, 평범한 백성들도 누구나 부처의 가르침을 들을 수 있게 했다.

왕건 역시 신라 출신의 승려인 충담을 스승으로 삼고 매일 불당에 가서 불공을 드렸다. 또 불경을 가까이하고 부처의 가르침을 익혀 자비로운 정치를 펼치고자 노력했다.

왕건이 무엇보다 신경 써서 준비한 것은 바로 팔관회와 연등회였다. 신라 시대부터 행해지던 이 행사들은 고려 백성들에게 축제와도 같았다.

팔관회는 원래 부처의 가르침을 따르기 위한 불교 의식이었다. 그러나 왕건은 팔관회를 불교 행사일 뿐 아니라 고려의 토속신에게 제사를 지내는 의식으로 열었다. 제사라고 하지만 딱딱하고 재미없는 행사가 아니었다. 사람들이 맛있는 음식을 배불리 먹고 재미있는 놀이를 즐기는 축제에 가까웠다. 외국의 사신들이 와서 고려 왕에게 선물을 바치기도 하고, 다양한 나라의 상인들이 서로의 물건을 사고팔며 교류하는 국제적인 잔치이기도 했다. 팔관회가 열리면 출신 배경이나 신분에 관계없이 누구나 함께 즐겁게 어울렸다. 사람들과 함께 먹고 마시고 웃다 보면 백성들은 농사일의 피로를 풀 수 있었다. 그렇게 마음을 연 사람들은 어렵게 통일한 고려라는 나라

무차 대회
일반 대중에게 잔치를 베풀고 부처의 덕과 지혜를 나누는 대중 법회. 신분이나 직업의 차별 없이 남녀노소 누구나 참여할 수 있었다.

가 계속 발전하고 평안하길 빌었다. 팔관회는 그야말로 그동안 잦은 전쟁으로 긴장 속에서 살아가던 백성들이 편안한 마음으로 모두 함께 즐겁게 누리는 시간이었다.

연등회는 부처의 지혜와 공덕을 기리는 행사였는데, 이날이 되면 사람들은 종이로 만든 알록달록한 연등 속에 아름답게 등불을 밝혔다. 연등회도 팔관회와 마찬가지로 출신 배경이나 신분에 관계없이 모든 백성이 한데 어울리는 행사였다. 백성들은 은은하게 빛을 내는 아름다운 연등의 불빛을 보며 같은 마음으로 더 나은 나라를 꿈꿨다. 백성들은 비록 태어나고 자란 나라는 달랐지만, 이제 '고려'의 이름으로 하나되어 행복하고 평안한 시대가 영원히 펼쳐지길 빌었다.

팔관회에 참여한 백성들의 얼굴에 웃음꽃이 활짝 폈다.

"어머니, 오랜만에 맛있는 음식을 많이 먹어서 너무 좋아요."

"하하, 사람들이 다 같이 모여서 즐거운 시간을 보내니 마을 사람들도 더 친해지는 것 같구나. 이 엄마도 어렸을 때부터 팔관회에서 친구들도 사귀고 맛있는 것도 먹고 그랬단다. 제사를 지내면 땅의 신, 물의 신이 우리 농사가 잘되도록 도와주셔서 풍년이 들 거라는 기분 좋은 생각이 들기도 하는구나."

"그런데 어머니, 지난번에도 많은 사람들이 모여 커다란 행사를 했던 것 같은데, 그건 뭐예요?"

"연등회를 말하는 거니?"

"아, 맞아요. 저는 연등회 때 걸리는 알록달록한 연등이 너무 좋아요."

"엄마도 그렇단다. 오래전 연등회 때, 연등 밑에서 네 아버지와 처음 만났었지."

"아이참, 그 이야기는 100번도 넘게 들은 것 같아요."

"하하, 두 행사 모두 1년에 한 번씩 있는 즐거운 날이니 얼마나 좋니!"

이러한 불교 행사들을 통해 불교가 점점 고려 백성들의 일상생활 속에 깊숙이 자리 잡게 되었다. 또한 모든 백성들이 한마음을 품기 시작하며 고려는 점차 안정을 찾아 갔다.

9장
이 열 가지를 가슴속에 깊이 새기기를

고려에 평화로운 시기가 이어지던 어느 날, 왕건은 자신의 몸이 예전 같지 않음을 느꼈다. 병에 걸린 뒤 아무리 치료를 받아도 몸 상태는 계속 나빠지기만 했다. 왕건은 자신에게 허락된 시간이 얼마 남지 않았음을 느꼈다. 그래서 눈을 감고 후손들에게 당부할 말을 준비했다.

왕건은 아끼는 신하 **박술희**를 불렀다.

"부르셨습니까, 폐하."

"내 그대를 부른 것은 특별히 전할 말이 있어서이네."

"네, 말씀하시옵소서."

"이제 나도 살날이 얼마 남지 않은 것 같네."

"그런 말씀은 하지 마시옵소서, 폐하."

박술희는 오랫동안 왕건을 옆에서 지켜 온 만큼 왕건이 눈에 띄게 쇠약해진 것을 누구보다 잘 알고 있었다. 박술희의 눈가에 눈물이 그렁그렁 맺혔다.

왕건이 힘겹게 말을 이었다.

"옛날의 위대한 임금들을 보면 밭을 가는 농부였다가 나라를 다스리게 된 경우도 있고, 들짐승이 사는 깊은 숲에서 살다가 나라를 세운 왕도 있었네. 나 또한 평범한 집안에서 태어나 한 나라의 왕이 되었지. 고려를 세웠던 날과 이웃 나라들을 통일했을 때가 참으로 많이 생각나네. 많은 이들의 도움이 있었기에 이룰 수 있던 일이었네."

"폐하······."

"그러나 이제는 가야 할 때가 온 것 같네. 이룰 수 있는 것은 다 이루었기 때문에 세상에 큰 미련이 없네. 단지 한 가지, 나의 뒤를 이어 고려의 왕이 될 이들이 마음대로 욕심을 부릴까 봐 걱정이 된다네."

왕건은 잠시 멈추었다 말을 이었다.

"이에 몇 가지 가르침을 생각해 보았으니, 후손들이 아침저녁으로 읽고

박술희(?~945)
고려 전기의 무신. 호족 가문 출신으로, 후고구려의 궁예 아래에서 관직 생활을 시작하여 고려의 장수가 되었다. 왕건이 죽으며 고려의 나랏일과 새로운 왕이 될 태자를 살펴 달라고 부탁할 정도로, 왕건에게 두터운 신임을 얻었다.

늘 곁에 두어 나라를 다스릴 때에 마음에 깊이 새겼으면 하네."

"말씀하시옵소서, 폐하. 한 자도 빠트리지 않고 전하겠나이다."

박술희는 왕건의 말을 한 자 한 자 정성껏 받아 적었다.

"첫째, 고려는 본디 불교의 힘으로 세운 나라이므로 불교를 높여 소중히 여겨야 하네.

둘째, 도선 대사의 **풍수 사상**에 따라 정해 놓은 곳 이외에 사찰을 함부로 더 짓지 말아야 하네.

셋째, 왕위는 맏아들이 계승하는 것이 원칙이지만, 맏아들이 왕위 계승자로 적절하지 못할 때는 형제들 중에서 왕의 자질이 충분한 사람이 왕위를 이어야 하네.

넷째, 당나라의 문화와 풍습을 반드시 따를 필요는 없으며, 거란의 풍속과 언어는 본받지 말아야 하네.

다섯째, 왕은 서경을 중요하게 여기고 서경에 오래 머물며 살펴야 하네.

여섯째, 연등회와 팔관회의 본디 목적을 기억하여 성실히 열어야 하네.

일곱째, 왕은 신하들에게 상과 벌을 분명히 하고, 왕의 비위를 맞추려는 거짓된 말에는 귀를 닫고 신하들의 진정한 충고에 귀를 귀울여야 하네. 또 언제나 백성들의 세금과 부역을 가볍게 해 주어야 하네.

여덟째, 내가 지켜본 결과 특정 지방의 사람들이 정치에 참여하면 반란을 일으킬 수 있으니 관직을 주지 않도록 하여야 하네.

아홉째, 나라에서 관리들에게 주는 돈과 물품은 함부로 늘리거나 줄이지 말고 공정하게 주어야 하네. 또한 병사들과 장군들을 귀하게 여기고 매년 무술 실력이 뛰어난 사람에게 마땅히 계급을 올려 주어야 하네.

 마지막으로, 경전과 역사책을 읽어 옛일을 거울삼아야 하네."

 왕건은 긴 말을 마치고 숨을 가쁘게 쉬었다. 곁에서 왕건의 말을 받아 적는 박술희의 얼굴에는 눈물이 흘렀다.

 "이 **지침서**를 후대의 왕 말고는 다른 사람이 볼 수 없도록 비밀리에 전달해 주게."

 숨이 차서 겨우 말을 이으면서도 왕건은 고려가 건강하고 강한 나라, 백성들이 행복하게 살 수 있는 나라가 될 수 있도록 고민을 멈추지 않았다.

 며칠 지나지 않아서 왕건은 급격히 건강이 나빠졌다.

 "폐하! 폐하! 거기 누구 없느냐? 어서 의원을 부르라!"

 모두 잠든 깊은 밤 날카로운 큰 소리가 온 궁궐에 울려 퍼졌다. 왕건이 위독하다는 소식을 듣고 달려온 신하들은 흐느끼기 시작했다.

 "인생이란 원래 덧없는 것이오. 고려를 잘 부탁하오."

풍수 사상
땅의 모양이나 위치를 사람의 '운'이나 '복'과 연결시켜 건축물을 짓는 데 알맞은 장소를 구하는 사상.

지침서
지침을 적어 놓은 책. 왕건이 박술희에게 전한 이 지침서는 오늘날 '훈요십조(訓要十條)'라는 이름으로 《고려사》와 《고려사절요》에 실려 전해진다.

왕건은 입가에 잔잔한 미소를 띠며 눈을 감았다. 혼란한 시대에 태어나 따뜻한 리더십으로 천하를 통일한 시대의 영웅이 세상을 떠났다. 왕건의 인품과 덕을 아는 모든 백성들이 눈물을 흘리며 슬퍼했다.

이후에 쓰인 역사서 《고려사절요》에서는 왕건에 대해 이렇게 말한다.

"태조는 아랫사람을 너그럽게 대해 어질고 지혜로운 자들이 힘을 다했고 사람들을 정성으로 대접해 먼 사람이든 가까운 사람이든 모두가 왕을 따랐다. 또한 사람의 생명을 소중히 하는 성품을 타고났으며 백성들을 가엾게 여기고 보살피는 마음이 깊었다.

견훤과 그 아들들 사이에 싸움이 일어나니 태조는 견훤을 거두었고, 신라의 경순왕이 고려의 신하가 되기를 부탁하니 태조는 예의를 갖추어 받아들였다. 거란과 같은 강한 나라가 형제의 나라인 발해를 멸망시키니 태조는 곧 거란과 관계를 끊었다. 그리고 발해의 백성들이 영토를 잃고 갈 곳이 없게 되자 그들을 고려의 백성으로 받아들여 위로하였다.

태조가 자주 서경에 가서 그곳을 살핀 것은 고려의 근본이 되는 땅으로 만들기 위함이었다. 또한 몸소 북쪽 변두리 땅을 가서 살핀 것은 그쪽의 백성들도 고려의 백성으로 받아들여 보살피기 위함이었다.

태조의 따뜻한 마음씨와 깊은 생각, 그리고 고귀한 인품은 500년 고려 왕조의 기반이 되었다."

고려 시대와 관련된 책

조선 시대에 펴낸 고려 역사책

고려가 멸망한 뒤 조선 왕조는 고려의 역사를 정리해 후손들에게 남기고, 고려의 역사에서 교훈을 얻어 조선을 잘 다스리며, 조선 왕조의 정통성을 강조하기 위해 고려 역사를 기록하여 책으로 펴냈다.

고려의 역사를 기록한 가장 대표적인 책은 《고려사》와 《고려사절요》이다. 《고려사》는 조선 세종 때 만들기 시작해 문종 때 완성된 책으로, 총 139권으로 이루어졌으며 고려의 역사를 후세에 가르침이 될 만한 내용과 함께 담았다. 《고려사절요》도 조선 문종 때 완성되었는데, 인물 중심으로 기록된 《고려사》를 연대순으로 보완하여 총 35권으로 다시 펴낸 책이다. 《고려사절요》에는 《고려사》에 없는 역사적 사실들도 실려 있어, 이 두 책은 고려 시대에 관해 서로 보완해서 알려 주는 가치가 있다.

또 조선 성종 때 완성된 《동국통감》은 고조선에서부터 고려 말까지의 역사를 연대순으로 기록한 책으로, 고려의 역사를 살펴볼 수 있다.

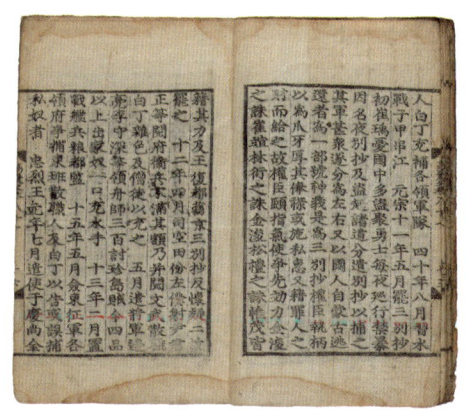

《고려사》

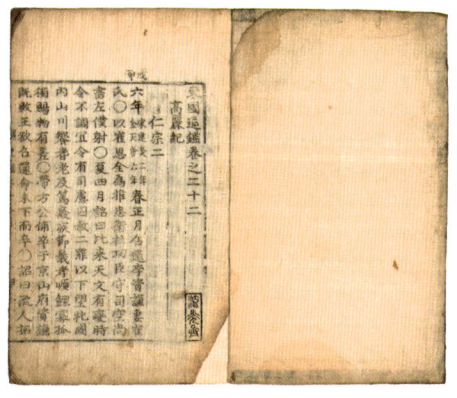

《동국통감》

고려 시대에 펴낸 책

고려 인종 때 김부식은 신라·고구려·백제의 역사를 정리해 기록한 《삼국사기》를 펴냈다. 《삼국사기》는 현재까지 전해지는 우리나라의 역사책 가운데 가장 오래된 것으로서 그 가치가 매우 높다.

또 가치가 높은 역사책으로는 《삼국유사》가 있는데, 고려 충렬왕 때 승려 일연이 신라·고구려·백제의 역사를 비롯해 신화, 설화 등을 풍부하게 실은 책이다. 이 책은 오늘날 원판은 전해지지 않고 조선 시대 때 다시 펴낸 것이 전해진다.

이 밖에도 고려 후기에 이승휴는 고조선부터 고려 충렬왕 때까지의 우리나라 역사와 금나라까지 이어진 중국의 역사를 시로 쓴 《제왕운기》를 펴냈고, 이인로는 이름난 유학자들의 수필과 시화, 자신의 작품을 모아 《파한집》을 펴냈다. 또 공민왕 때 최해는 신라와 고려 시대의 유명한 시문을 모아 《동인지문》을 펴냈다.

고려 시대에 펴낸 이러한 책들은 고려 시대와 그 이전 시대의 역사와 문화를 살펴볼 수 있는 아주 중요한 자료이다.

《삼국사기》

중국에서 쓴 고려 역사책

중국에서 쓴 고려에 대한 역사책도 고려 시대 역사를 연구하는 데 도움이 된다. 이러한 책으로는 송나라의 사신이 고려에 머물며 보고 들은 고려의 역사·정치·경제·종교·문화 등을 담아 기록한 책인 《선화봉사고려도경》, 청나라의 학자가 고려와 원나라의 대외 관계 등을 정리한 책인 《원고려기사》 등이 있다. 이 밖에 중국의 역사서에 나온 고려와 발해 유민에 관련된 기록들에서도 고려에 대한 정보를 엿볼 수 있다.

● 왕건에게 묻다
오늘날의 우리들이 알고 싶은 이야기

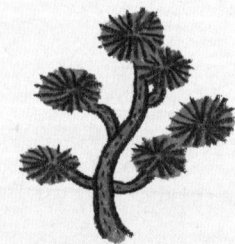

Q 왕건 폐하는 큰 전쟁을 치르지 않고 고려의 왕이 되고, 후삼국을 통일하셨는데요. 그 비결이 무엇이라고 생각하시나요?

왕건: 내가 반드시 지켰던 원칙이 하나 있었습니다. 바로 언제나 사람을 귀하게 여기는 자세입니다. 완전히 내 편인 장군이나 병사들, 백성들은 물론이고 나를 믿지 못하는 호족들, 전쟁 정복지의 힘없는 백성들, 그리고 한 때 적이었던 나라의 왕까지도 진심으로 귀하게 대하고자 했습니다. 결국 사람들을 움직이는 것은 '진심'이라고 생각했으니까요.

어떤 결과를 바라고 한 일은 아니지만, 사람을 귀하게 여기는 마음이 좋은 결과를 가져온 것 같습니다. 고려를 세울 때는 여러 신하들의 도움이 있었고, 전쟁에서 이길 때는 호족들의 도움을 받았으며, 결정적으로 이웃 나라의 지도자들이 스스로 찾아와 후삼국의 통일을 이루었으니까요. 저의 평소 노력들이 쌓이고 좋은 기회들이 마련되어, 결국 후삼국 통일이라는 큰 일을 이루었다고 생각합니다.

Q 왕건 폐하는 늘 인기가 많으셨던 것 같은데, 왕건 폐하를 반대하는 세력은 없었나요?

왕건: 물론 나를 응원해 주는 사람들이 많았기에 고려를 세울 수 있었지만, 나를 반대하거나 의심하는 세력도 있었습니다. 그래서 고민이 많았지요. 나는 우선 그들의 마음을 얻으려는 여러 정책들을 펼쳤어요. 사람들이 무엇을 필요로 하는지에 관심을 갖고, 사람들이 겪는 어려움을 적극적으로 해결해 주려 노력했습니다.

하지만 이런 노력에도 불구하고 여전히 반대하는 세력은 있었습니다. 나를 왕으로 인정하지 않고 반란을 일으키려는 세력도 있었지요. 그러한 사람들은 엄하게 다스리고 큰 벌을 내렸습니다. 왕의 권위가 흔들리면 나라 전체가 흔들리기 때문이지요. 많은 사람, 모든 세력과 잘 지내면 좋겠지만 그것이 불가능할 수도 있답니다.

Q 견훤 왕이 자신을 고려에 받아 달라고 했을 때 어떻게 잘 대해 주실 수 있었나요? 견훤 왕이 밉지는 않으셨나요?

왕건: 견훤 왕이 나에게 많은 고통을 안겨 준 것은 사실이지만, 후백제의 왕으로서 해야 할 일을 한 것이기에 개인적으로 원망은 하지 않으려고

노력했습니다. 또 지나간 일에 대해 원망하고 견훤 왕을 미워한다고 해서 고려에 좋을 것이 없기에, 지나간 일은 잊고 견훤 왕을 받아들이고자 했습니다.

견훤 왕이 귀순해 왔을 때 제 머릿속에는 두 가지 생각이 떠올랐습니다. 첫 번째는 한 나라의 왕이기 이전에 한 사람으로서, 아들에게 배반당한 견훤 왕이 그저 측은했습니다. 그래서 진심으로 받아들이고 위로해 주고 싶었습니다. 그리고 두 번째는 견훤 왕의 귀순은 고려에 최고의 기회라는 생각이었습니다. 고려와 늘 전쟁 관계였던 후백제의 견훤 왕을 고려에서 따뜻하게 맞아 준다면, 평화롭게 통일할 기회가 될 것 같았습니다. 이러한 마음으로 견훤 왕을 잘 대해 주었습니다.

Q 공산 전투에서 신숭겸과 김락, 소중한 두 신하를 잃었을 때 어떤 기분이었나요? 그리고 어떻게 슬픔을 극복할 수 있었나요?

왕건: 그때만 떠올리면 지금도 가슴이 아픕니다. 고려를 세울 때부터 함께한 신하들이었으니, 그들을 한꺼번에 잃었을 때는 그야말로 하늘이 무너지는 듯했지요.

하지만 언제까지나 슬픔에 빠져 있을 수만은 없었습니다. 생각해 보니 나를 위해 자신의 목숨을 아끼지 않은 두 신하들은 내가 슬픔에 빠져 있기보다 다시 일어나 훌륭한 왕으로서 고려를 잘 다스리기를 바랄 것 같았어요. 그래서 다시 힘을 내 보기로 결심했습니다.

물론 결심한 뒤에도 슬픈 마음이 밀려올 때가 많았습니다. 그럴 때는 그들의 넋을 기리는 사당과 절에 가서 충분히 그리워하고, 또다시 힘을 내기를 반복했습니다. 죽은 신하들이 보기에 내가 더 나은 사람이 될 수 있도록 노력하고, 왕으로서 나의 역할에 최선을 다했습니다. 그것만이 희생한 이들을 위해 내가 할 수 있는 일이라고 믿었으니까요.

Q 오늘날 어린이들에게 어떤 말을 해 주고 싶으신가요?

왕건: 꿈을 이루기 위해서 노력하면서도, 늘 주변 사람들을 존중하고 배려해야 한다는 말을 해 주고 싶습니다. 친구들의 이야기를 귀 기울여 듣고, 친구의 입장에서 한 번 더 생각하고 행동하는 것입니다. 더불어 사는 세상이기 때문에, 이러한 작은 노력들이 언젠가는 내게 따뜻한 손길이 되어 돌아옵니다.

친구들에게만 잘해 주고 나 자신을 돌보는 일은 소홀히 하라는 말은 아닙니다. 나를 괴롭히는 친구들을 무조건 참고 배려해야 한다는 뜻도 아니고요. 공부나 운동을 열심히 하여, 스스로의 꿈과 미래를 향해 나아가면서도 나 자신만 돌보는 것이 아니라 주변을 살피라는 이야기입니다. 내가 발전할수록 다른 사람에게 쏟을 마음도 더 커질 것입니다.

왕건이 걸어온 길

● 877년　송악(현재 개성)에서
　　　　호족 왕륭과 한씨 부인 사이에 태어남.

● 896년　궁예의 밑으로 들어감.

● 913년　후고구려의 으뜸 벼슬인
　　　　'시중'에 오름.

● 918년　궁예를 몰아내고
　　　　고려를 세움.

900　　910

● 903년　금성(현재 나주)을 정벌함.

● 926년　발해가 멸망하자 발해 유민을 받아들임.
● 927년　공산 전투에서 후백제에 크게 짐.

● 930년　고창 전투에서 후백제를 크게 이김.
● 935년　후백제의 견훤이 고려에 귀순함.
　　　　신라의 경순왕이 고려에 귀순하고
　　　　신라를 고려에 바침.
● 936년　후백제를 정벌하여 후삼국을 통일함.

920　　930　　940

● 942년　거란이 보낸 낙타를
　　　　만부교에 매어 굶겨 죽이고
　　　　거란의 사신을 유배 보냄.
● 943년　훈요십조를 남기고
　　　　병으로 세상을 떠남.